The]  Multilingual Dictionary Of Food:

Over 27.000 Culinary Terms In French, English, German, Spanish, Italian, Portuguese, Russian &Chinese With:

The Most Important Cooking Verbs
The Premium Ingredients
The Best Cooking Techniques
The Equipment
The Superstar French Cooking Expressions For Global Primers
The French Wine Terms
The French Pastry Terms

Catherine Chantal Marango

The Multilingual Dictionary Of Food:
Over 27.000 Culinary Terms Including:

The Most Important Cooking Verbs
The Primum Ingredients
The Best Cooking Techniques
The Equipment
The Superstar French Cooking
Expressions For Global Primers
The French Wine Terms
The French Pastry Terms

Catherine Chantal Marango

Copyright 2020 Catherine-Chantal Marango
Published By Catherine-Chantal Marango At Amazon
n°ISBN :9798664062991

Table Of Contents

Introduction 17

Chapter 1: The Cooking Verbs 18

    French 18

    A 18

    B 20

    C 23

    D 25

    E 28

    F 30

    G 33

    H 35

    I 36

    L 38

    M 39

    N 43

    P 44

    R 47

    S 49

    T 50

    English 54

    A 54

    B 55

    C 58

    D 60

    E 63

F	65
G	66
German	**75**
A	75
B	76
D	79
E	80
F	82
G	83
H	84
K	85
L	86
M	87
P	89
R	90
S	91
Z	96
Spanish	**97**
A	97
B	99
C	101
D	102
E	105
F	107
H	109
I	110
L	111
M	112

O	113
P	114
Q	116
R	117
S	118
T	120
U	121
V	122
Italian	**123**
A	123
B	126
C	128
D	129
E	130
F	131
G	136
L	140
M	141
N	142
O	143
P	144
S	146
Portuguese	**148**
A	148
B	150
C	152
D	155
E	158

- F 159
- G 161
- I 161
- L 163
- Ligar: 163
- N 171
- P 175
- Q 179
- R 179

S 181

- Z 186
- Chinese 188
- A 188
- B 188
- D 189
- F 190
- M 192
- P 192
- R 193
- S 193

Chapter 2 : Premium Ingredients 195

- French 195
- A 195
- B 196
- C 197
- D 201
- E 201
- F 202

G	203
H	203
J	204
L	204
M	205
N	206
O	206
P	207
Q	209
R	209
S	210
T	211
U	212
V	212
W	212
X	212
Y	212
Z	213
English	213
A	213
B	214
C	215
E	218
F	218
G	219
H	220
I	220
K	220

- L 220
- M 221
- N 221
- O 222
- P 222
- R 224
- S 225
- T 227
- U 227
- V 228
- Y 228
- Z 228

German 229
- B 229
- C 230
- D 231
- E 232
- F 232
- G 233
- H 233
- J 234
- K 234
- L 236
- M 236
- N 237
- O 238
- P 238
- R 239

S	240
T	242
V	242
W	243
Z	243
Spanish	**244**
A	244
C	246
E	250
F	250
G	251
H	251
J	252
L	252
M	253
N	254
O	255
P	255
Q	257
R	257
S	257
T	258
U	258
V	259
Y	259
Z	259
Italian	**260**
A	260

B 262
C 263
C' 263
D 266
F 266
N 270
O 270
P 271
R 273
S 273
T 275
U 275
V 275
Z 276
Portuguese 276
A 276
B 279
C 281
D 284
E 284
F 285
G 286
H 286
L 286
M 287
N 288
O 288
Q 290

R 291

S 291

T 292

U 292

V 293

Russian 293

Один 293

Б 294

С 297

Д 300

Е 303

Ф 305

Chinese 324

Chapter 3 : Cooking Techniques 344

Chapter 4 : Equipment 358

English 358

French 360

Italian 362

Portuguese 366

German 368

Russian 370

Chinese 372

Chapter 5 : French Cooking Expressions For Global Primers 374

French, English, German, Italian, Spanish, Portuguese, Russian And Chinese 374

.... 420

Chapter 6- French Wine Terms 428

French 428

English 435

German 443

Spanish 451

Italian 459

Portuguese 468

Russian 476

Chinese 484

Chapter 6 : The Pastry Terms 492

French 492

A 492

B 493

C 495

F 497

G 498

I 499

M 499

P 500

S 502

English 503

A 503

B 504

C 506

F 508

G 509

I 510

M 512

P 513

S. 515

German 516

A 516

B 516

C 518

F 522

G 523

I 524

M 525

P 525

S. 528

Spanish 529

A 529

B 530

C 532

F 536

G 537

I 538

M 538

P 539

Italian 542

A 542

B 543

C 545

F 549

G 550

I 551

M 551

- P 552
- **Portuguese** 556
- A 556
- B 557
- C 559
- F 563
- G 563
- I 565
- M 565
- P 566
- S 568
- **Russian** 569
- А 569
- Б 570
- С 572
- F 577
- G 578
- М 579
- P 580
- S 583
- **Chinese** 585
- A 585
- B 585
- C 587
- F 591
- G 592
- I 593
- P 595

Hindi **598**
About The Author **606**

Introduction

Catherine Chantal Marango's Multilingual Dictionary Of Culinary Terms Presents A Compilation Of Over 27.000 Entries In French, English, German, Spanish, Italian, Portuguese Russian And Chinese, Translations Of Terminology Used In The Various Fields Of Gastronomy.

This Comprehensive Multilingual Dictionary Is The Ideal Reference For All The Global Cooking Professionals And Cooking Students

Chapter 1: The Cooking Verbs

French

A

Abaisser : Amincir Et Étendre Une Quantité De Pâte Brisée Ou Feuilletée Au Rouleau Jusqu'à L'obtention De L'épaisseur Désirée

Abricoter : Recouvrir D'abricots La Surface D'un Gâteau

Acidifier : Ajouter Une Substance Acide À Une Préparation Pour En Diminuer Son Ph

Aciduler

Accommoder : Assaisonner Et Faire Cuire

Adoucir : Réduire L'amertume D'un Mets En Y Ajoutant Du Lait, Du Sucre

Allonger : Fluidifier Un Liquide Pour En Alléger La Saveur

Amalgamer

Arroser : Verser Un Liquide Sur Une Préparation

B

Battre : Agiter Énergiquement Des Éléments Réunis Et Ou Travailler Une Matière Ou Une Préparation Culinaire Pour En Changer L'apparence, La Consistance Ou La Couleur

Beurrer : Couvrir De Beurre Les Parois D'un Récipient

Blanchir : Attendrir Un Élément En Le Portant À Ébullition

Blondir : Faire Colorer Très Légèrement Un Aliment Comme Des Oignons Pour Obtenir Une Couleur Blonde

Bloquer : Congeler Des Éléments

Bouillir : Porter À Ébullition

Braiser : Faire Cuire À Feu Doux

Brider : Ficeler Une Volaille Ou Un Gibier Pour Maintenir Les Membres Le Long Du

Brûler : Noircir Les Éléments Par Le Feu Et Les Rendre Inconsommables

En Pâtisserie : Travailler Énergiquement Les Jaunes D'oeufs Et Le Sucre A

Pour Les Légumes : Éliminer L'âcreté (Chou) Ou Fixer La Couleur Et Cuire Certains Légumes Verts

Pour Les Viandes : Mettre Dans De L'eau Froide Puis Faire Bouillir

Quelques Minutes Pour Éliminer Les Impuretés Et Les Sangs, Raffermir Les Chairs Ou Supprimer Le Surplus De Sel.

C

Caraméliser : Recouvrir De Caramel, Parfumer Avec Du Caramel, Donner La Couleur Caramel

Cerner : Inciser Un Fruit

Chemiser : Garnir Une Plaque De Cuisson D'un Papier Ou D'une Couche De Préparation Protecteurs Afin De Démouler Plus Aisément La Préparation Ou Lui Donner Une Belle Présentation

Chiqueter : Entaillée Une Abaisse Feuilletée Pour La Faire Gonfler À La Cuisson Et En Améliorer La Présentation

Ciseler : Couper Très Finement En Petits Cubes Ou Hacher Finement Au Couteau

Ciseler : Inciser La Surface D'un Poisson Rond Ou D'une Andouillette Et Tailler En Menus Morceaux Des Légumes

Clarifier : Rendre Liquide Et Claire Une Matière Trouble

Clarifier : Rendre Un Liquide Clair Par Filtrage Ou Par Décantation

Clouter : Insérer Des Morceaux De Truffles, Bacons Dans Une Préparation Ou Mettre Des Clous De Girofle Dans Un Gros Oignon Cru Et /Ou Farcir Une Préparation De Viande Ou De Poisson

Colorer : Embellir Une Préparation Par Une Couleur Avantageuse Ou Caraméliser Une Viande

Compoter : Faire Cuire Des Éléments À Feu Doux Afin Qu'ils Se Réduisent En Compote

Concasser : Hacher Ou Écraser Une Substance Grossièrement

Contiser : Piquer

Crémer : Mettre De La Crème Fraîche Dans Une Préparation Pour L'adoucir Et La Rendre Crémeuse Et Travailler De La Matière Grasse Seule Ou Avec Un Autre Ingrédient

Cuire : Rendre Un Produit Consommable Sous L'action De La Chaleur

D

Dérober : Éplucher Des Pommes De Terre

Débrider : Déficeler Une Volaille Pendant La Cuisson

Décanter : Transvaser Un Liquide Pour Le Rendre Plus Limpide

Décuire : Baisser Le Degré De Cuisson D'une Préparation En Y Ajoutant De L'eau Pour La Rendre Plus Liquide, Désigne Également Une Cuisson Inachevée.

Déglacer : Verser Une Petite Quantité D'eau Au Fond D'une Poêle Ou D'un Plat Encore Chaud Où Vient De Faire Cuire La Viande, Remuer Et Récupérer Le Jus Ainsi Formé Pour Accompagner Le Mets

Dégorger : Déshydrater Un Aliment Par Le Sel

Dégraisser : Ôter La Graisse D'une Préparation

Dénerver : Supprimer Les Nerfs D'une Viande

Dénoyauter : Retirer Les Noyaux

Dépecer : Séparer À L'aide D'un Couteau Les Différents Morceaux De Viande

Dépouiller : Ôter La Peau D'une Viande, D'une Volaille, D'un Poisson

Déshydrater : Supprimer La Teneur En Eau Des Aliments

Désosser : Enlever Les Os

Dessaler : Ôter Le Sel D'une Préparation

Dessécher : Déshydrater Des Aliments En Faisant Évaporer La Teneur En Eau De Ceux-Ci

Dessécher : Rendre Plus Sec

Détailler : Découper

Détailler : Découper Une Viande, Un Poisson Des Légumes En Tranches, En Dès, En Cubes, En Rondelles …

Détendre : Délier

Dorer, Faire : Faire Chauffé Un Aliment Imprégné D'un Corps Gras Pour Lui Donner Un Aspect Or Et Brillant

Dresser Disposer Harmonieusement Les Mets Dans Les Plats Ou Les Assiettes De Service

Dresser : Disposer Avec Élégance Et Goût Les Éléments Sur Un Plat

E

Ébarber : Supprimer, Avec Une Paire De Ciseaux Les Poils De La Queue Du Homard, D'une Langoustine, D'une Écrevisse Ou Bien Couper Les Nageoires D'un Poisson.

Ébouillanter : Plonger Un Aliment Dans De L'eau Bouillante Pour Attendrir Les Chairs (Viandes, Poissons, Crustacés)

Écrémer : Ôter La Crème Du Lait

Écumer : Enlever L'écume D'une Sauce, D'un Bouillon, D'un Ragoût

Effiler : Retirer Les Fils D'haricots Verts, Tailler En Fines Lamelles Des Amandes

Égoutter : Faire Écouler Goutte À Goutte Le Liquide D'une Préparation

Émincer : Tailler En Tranches, En Rondelles Ou En Lamelles Plus Ou Moins Minces, Généralement Au Couteau Ou Avec Une Mandoline.

Émonder Ou Monder : Débarrasser Certains Fruits De Leurs Peaux Après Les Avoir Blanchis

Émoudre : Aiguiser Des Ciseaux Sur Une Meule

Émulsionner : Action De Mélanger 2 Substances Hétérogènes

Enrober : Recouvrir Un Aliment De Chocolat, Un Fruit De Sirop Ou De Pâte À Frire

Éplucher : Supprimer Les Parties Non Comestibles D'un Fruit, De Légumes …

Étuver Cuire Lentement Dans Une Casserole Fermée, Avec Un Peu D'eau.

Exprimer : Presser Le Jus D'un Fruit

F

Fouetter : Battre De La Crème, Des Oeufs, Une Préparation Pour La Rendre Homogène, Compacte Ou Légère

Faire Revenir : Raffermir La Surface D'un Aliment Et Le Faire Dorer En Le Passant Dans Un Corps Gras

Farcir : Remplir De Farce

Fariner Recouvrir Un Aliment De Farine, Ou Poudre De Farine Un Moule Ou Un Plan De Travail.

Fendre Ouvrir Légèrement Un Poisson Ou Une Viande Pour Y Insérer Une Garniture

Festonner Décorer Un Apprêt Avec Une Disposition En Festons

Filtrer : Débarrasser Un Liquide De Ces Impuretés En Le Passant À La Passoire ....

Finir Achever Une Préparation.

Flamber Passer Une Volaille À La Flamme Pour Parfaire Son Nettoyage Ou Arroser Un Mets D'alcool Et Y Mettre Le Feu Pour Lui Donné Un Goût Relevé

Flamber : Passer À La Flamme Une Volaille Pour En Parfaire Le Nettoyage U Arroser Un Plat D'alcool Pour En Relever Le Goût

Foisonner : Augmenter De Volume

Fondre Rendre Liquide À L'aide De La Chaleur Un Produit Tel Que Le Sucre, Le Chocolat, Un Corps Gras Solide ,Etc.

Fondre : Liquéfier Sous L'effet De La Chaleur Un Aliment Solide

Former Donne R Sa Forme Finale À Une Préparation

Fouler : Écraser

Frémir Frissonner À L'approche De L'ébullition

Frire Cuire Un Aliment, Ou Terminer Sa Cuisson, Par Immersion Dans Un Corps Gras Porté À Haute Température

Frire : Méthode De Cuisson Qui Consiste À Plonger Un Aliment Dans Un Corps Gras Que L'on Enfarine Ensuite Pour Obtenir Une Croûte Dorée

G

Garnir

Givrer : Mettre Quelques Glaçons Dans Un Verre Vide Et Les Faire Tourner Rapidement, Afin De Former Sur La Paroi Une Buée Opaque, Avant D'y Verser Un Cocktail Ou Une Eau-De-Vie De Fruit.

Gommer : Recouvrir D'une Très Fine Couche De Gomme Arabique Fondue Des Pralines Ou Des Dragées Avant De Les Enrober.

Graisser : Enduire Une Préparation D'un Corps Gras Pour Éviter Qu'elle N'attache

Gratiner : Cuire Ou Finir De Cuire Une Préparation Qui A Été Enfournée, Afin Qu'elle Présente En Surface Une Mince Croûte Dorée

Grainer : Se Dit D'un Apprêt Qui S'est Égréné

Griller : Cuire Ou Rôtir Sur Le Grille

H

Habiller : Réparer, Avant Cuisson, Un Poisson, Une Volaille Ou Un Gibier À Plume.

-

Hacher : Couper Un Aliment En Très Petits Morceaux

Huiler : Mettre De L'huile

I

Inciser : Pratiquer Une Entaille Plus Ou Moins Profonde À L'aide D'un Couteau Bien Aiguisé.

Imbiber : Mouiller Certains Gâteaux Avec Un Sirop, Un Alcool Ou Une Liqueur Pour Les Rendre Moelleux Et Leur Conférer Un Arôme (Abaisse De Génoise, Baba, Biscuit À La Cuillère, Plum-Pudding, Savarin). On Utilise Aussi Le Verbe Siroper.

Imbriquer : Disposer Des Éléments De Façon Qu'ils Se Recouvrent Partiellement, Comme Les Tuiles D'un Toit.

Incorporer : Ajouter Un Élément À Une Préparation, À Un Appareil Et Les Mélanger Intimement

Incruster : Marquer Plus Ou Moins En Profondeur La Surface D'une Préparation Ou D'une
Confiserie De Motifs Décoratifs Avec Un Couteau

L

Lever : Prélever Des Morceaux D'une Viande, D'une Volaille, D'un Poisson Ou D'un Légume.

Limone :R Éliminer La Peau, Les Parties Sanglantes, Les Impuretés De Certains Aliments En Les Immergeant Dans L'eau.

Lever : Se Dit D'une Pâte Qui Croît En Volume Sous L'effet De La Fermentation.

Lier : Augmenter La Consistance D'une Crème Ou D'un Liquide Donner Une Certaine En Y Ajoutant De La Farine, Fécule, De Jaunes D'oeufs, Crème Fraîche.

Lustrer : Donner De L'éclat À Une Préparation En L'enduisant D'un Élément Qui En Parfait La

Présentation

M

Malaxer : Travailler Une Substance Pour La Ramollir Ou La Rendre Plus Souple

Manchonner : Dégager À L'aide D'un Couteau À Désosser L'extrémité D'un Os (Côte D'agneau, De Bœuf, De Veau, Pilon De Volaille) De Façon À Soigner La Présentation

Mariner : Mettre À Tremper Dans Un Liquide Aromatique Un Ingrédient Pendant Un Temps Déterminé, Pour L'attendrir Et Le Parfumer.

Masquer : Couvrir Entièrement Un Plat, En Une Couche Lisse, D'une Préparation Assez Consistante, Sucrée Ou Salée.

Mélanger : Réunir Des Ingrédients Solides Ou Liquides Dans Un Ustensile De Préparation Et Les Mêler Pour Confectionner Un Appareil, Une Pâte Etc

Mijoter : Faire Cuire Lentement Des Mets, Généralement En Sauce, Ou Terminer Leur Cuisson.

Mouiller : Ajouter De L'eau, Du Lait, Du Bouillon, Du Vin, Dans Une Préparation Culinaire, Que Ce Soit Pour La Faire Cuire Ou Pour Confectionner La Sauce, Le Jus, Etc.

Malaxer : Ramollir Du Beurre Ou Assouplir Une Pâte À La Main

Manier : Homogénéiser Une Préparation D'un Ou Plusieurs Ingrédients Avec Une Spatule

Marbrer : Opération Qui Consiste À Former Des Marbrures Sur Certaines Pâtisseries

Masquer : Couvrir Entièrement Un Entremets, Un Gâteau, En Une Couche Lisse Et Uniforme, De Crème, Pâte D'amande, Confiture Etc

Masser : Se Dit D'un Sucre Qui Cristallise En Cuisant

Meringuer : Recouvrir De Meringue.

Monder : Retirer La Peau D'un Fruit (Amande, Pêche, Pistache) Que L'on A D'abord Mis Dans Une Passoire Et Plongé Quelques Secondes Dans De L'eau En Ébullition.

Monter Des Blancs D'oeufs

Mouiller : Ajouter Un Liquide Dans Une Préparation, Pour La Cuisson Ou Confection D'un Jus.

Mouler : Mettre Dans Un Moule Une Substance, Un Mélange, Une Préparation Fluide Ou Pâteuse Dans Un Moule, Dont Elle Épousera La Forme En Changeant De Consistance Soit Par

Cuisson Soit Par Refroidissement Ou Congélation

N

Napper Verser Sur Un Mets Une Sauce, Un Coulis, Une Crème De Manière À Le Recouvrir Aussi Complètement Et Uniformément Que Possible.

P

Passer : Mettre Dans Un Chinois, Pour Les Filtrer, Une Sauce, Un Bouillon, Une Crème Fine, Un Sirop Ou Une Gelée Qui Demandent À Être Très Lisses

Partir (Faire) Commencer La Cuisson D'une Préparation Relativement Longue, En La Faisant Débuter Sur Le Feu Traditionnel Avant De L'enfourner.

Peler : Éliminer La Couche Superficielle D'un Aliment

Poêler : Cuire Lentement, Dans Un Récipient Couvert, Avec Un Corps Gras, Une Garniture Aromatique Et Un Mouillement Court (Eau, Fond, Vin, Etc.).

Panacher : Mélanger Deux Ou Plusieurs Éléments , De Couleur, De Saveur Ou De Forme Différentes.

Parer : Égaliser Les Angles D'un Gâteau

Parfumer : Ajouter Un Second Parfum, Tel Qu'un Aromate, Une Épice, De L'alcool À Un Aliment Ou À Une Préparation En Accord Avec Son Arôme Naturel .

Pétrir

Piler : Pulvériser Amandes Et Noisettes

Pincer : Faire Des Stries Sur Le Bord D'une Pâte Pour Embellir La Présentation D'un Dessert.

Piquer : Faire Des Petits Trous Réguliers À La Surface D'une Abaisse De Pâte, À L'aide D'une Fourchette, Afin Qu'elle Ne Gonfle Pas Pendant La Cuisson.

Pocher : Faire Cuire Des Aliments Dans Une Grande Quantité D'eau En Maintenant Un Léger Frémissement

Pousser : Se Dit D'une Pâte Qui S'est Volumisée Sous L'action De La Levure.

Praliner : Ajouter Du Praliné À Une Crème, À Une Préparation

R

Raffermir : Mettre Une Pâte Au Frais Pour En Augmenter Sa Consistance Et Fermeté

Rafraîchir : Mettre Un Dessert Au Frais

Râper : Pulvériser À L'aide D'une Râpe Du Fromage

Rayer : Dessiner Des Losanges Sur Le Haut D'une Pâtisserie Enduite De Dorure Avec Un Couteau Ou Une Fourchette

Réchauffe R Amener À La Température De Dégustation Un Aliment Déjà Cuit, Mais Qui A Été Refroidi Ou Rafraîchi.

Réduire : Faire Baissé Le Volume D'un Liquide Par Évaporation, En Le Gardant À Ébullition

Relâcher : Qualifie L'état D'une Pâte Ou D'une Crème Qui Est Devenue Molle Après Sa Fabrication.

Réserver : Stocker Au Frais Ou Au Chaud Des Ingrédients, Des Mélanges Ou Des Préparations Destinés À Être Utilisés Plus Tard.

Rioler : Placer Des Bandes De Pâte À La Surface D'un Gâteau, Pour Former Un Quadrillage Régulier

Rôtir Cuire Une Viande ,Une Volaille, Un Gibier, Du Poisson, Avec Une Certaine Quantité De Corps Gras (Huile) En L'exposant Directement À La Chaleur D'un Feu Nu, Dans Une Cheminée Et À La Broche Ou À La Chaleur Rayonnante D'un Four Ou D'une Rôtissoire

S

Sangler : Entourer De Glace Vive Pilée Et De Gros Sel, Bien Tassés, Un Moule Étanche Placé Dans Un Récipient.

Singer : Poudrer De Farine Des Éléments Revenus Dans Un Corps Gras Avant De Leur Ajouter Un Liquide De Mouillement Clair (Vin, Bouillon, Eau) Pour Lier La Sauce.

Siroper : Imprégner Un Baba Ou Autres De Sirop Chaud

Serrer : Cesser De Faire Monter Les Blancs En Neige En Ajoutant Du Sucre Afin De Les Rendre Fermes Et Homogènes.

Strier : Dessiner Des Stries À La Surface De Gâteaux

T

Tamiser : Passer De La Farine, De La Levure Ou Du Sucre À Travers Une Passoire Pour Supprimer Les Grumeaux.

Tamponner : Déposer Une Fine Pellicule De Matière Grasse À La Surface D'une Crème Ou D'un Un Morceau De Beurre Qui, En Fondant Va Empêcher La Formation D'une Peau

Tirer : Opération Qui Consiste À Allonger Et Étirer Du Sucre Pour Le Replier Sur Lui-Même Et Le Satiner

Tourer : Réaliser Les « Tours » Nécessaires À La Réalisation D'une Pâte Feuilletée.

Travailler : Mélanger Énergiquement Les Éléments D'une Préparation Pâteuse Ou Liquide Soit Pour Incorporer Des Éléments Divers, Soit Pour La Rendre Homogène, Ou Lui Donner Du
Corps Et De L'onctuosité.

Tourner : Se Dit De Produits Alimentaires Qui Sont Gâtés Ou Périmés

Turbiner : Faire Prendre Au Froid Un Appareil À Glace Ou À Sorbet Jusqu'à Ce Qu'il Soit Solidifié.

V

Vanner : Remuer Une Crème Ou Une Sauce
À L'aide D'une Spatule Pour Lui Conserver Son
Homogénéité Et Sa Fraîcheur

Videler : Créer Un Rebord Sur Le Pourtour
D'une Abaisse Pour Former Un Bourrelet, Qui
Garde En Place La Garniture Au Cours De La Cuisson

Voiler : Recouvrir D'un Voile De Sucre Pâtisseries Et Gâteaux Glacés

Z

Zester : Parfumer Des Agrumes Avec Une Écorce

English

A

Abaisser : French Culinary Word Meaning To Roll Out

Accommoder: French Cord Meaning To Season And Cook

Acidifier : To Acidify

Aciduler : To Acidulate

Adoucir : To Soften Meaning
To Reduce The Bitterness Of A Dish By
Adding Milk, Sugar To The Dish

Allonger : To Fluidify A Liquid To Lighten Up The Flavor

Apricoter: French Word Meaning Covering The Surface Of A Cake With Apricots

Arroser : To Pour A Liquid Over A Preparation

B

Blanchir / Blanch: To Put Anything On The Fire In Cold Water Until It Boils

A Few Minutes To Remove Impurities And Remove Blood, Firm

Beat: Vigorously Shake Elements Together / Synonym To Whip, Especially For Eggs And Cream

Beat: Work A Material Or A Culinary Preparation To Change Its Appearance, Consistency Or Color

Blanch: Tenderize An Element By Bringing It To Boil

Block: Freeze Items

Boil: Immerse A Food With Boiling Water To Soften The Meat (Meat, Fish, Crustaceans)

Boil—To Heat A Liquid Over High Heat Until Bubbles Form And Rise Rapidly To The Surface

Braiser: A Mod Of Cooking Which Is A Combination Of Roasting And Stewing

Brider: To Truss / To Truss Poultry And Game With A Needle And Thread

Brown—To Cook Food Quickly In Fat Over High Heat So That The Surface Turns An Even Brown

Burn : Destroy Food With Fire

Burn: Blacken The Elements By Fire And Make Them Uneatable

Butter = Grease

Butter: Put Butter On Bread, In A Preparation, Season With Butter

For Meats: Put In Cold Water And Then Bring To Boil

For Vegetables: Soak In Boiling Water For A Few Minutes For

In Pastry : Vigorously Work Egg Yolks And Sugar By Using A Wooden Whisk Or Spatula.

Nice Presentation.

Remove Excess Salt.

Remove The Sourness (Cabbage) Or Fix The Color

String A Poultry Or Game To Keep Limbs Along The Body To Facilitate Handling During Cooking And Allow A

C

Caramelize: Cover With Caramel, Perfume With Caramel, Give Caramel Color

Chisel: Incise The Surface Of A Round Fish Or A Andouillette And Cut Into Small Pieces Of Vegetables

Clarify: Operation Of Making A Liquid Clear And Clear.

Make Cloudy Matter Liquid And Clear

Make A Liquid Clear By Filtering Or Settling

Coat

Compoter: French Word Meaning Cook Elements On Low Heat So That They Are Reduced To Compote

Chop

Cream: Put Fresh Cream In A Preparation To Soften It And Make It Creamy

Clouter :French Word Meaning To Insert Nail-Shaped Pieces Of Truffles, Bacon Into Fowl, Poulards, Cushions Of Veal And Sweetbreads.

Shallot, Etc. Or Make Slight Incisions On A Food To

Easy Cooking.

Crush : Coarsely Pounded

Crush: Shred A Product Without Particularly Looking For Finesse, Or

Regularity Of Piece

Contiser French Word Meaning To Make Small Incisions In Food In Which To Insert Small Pieces Of Solid Flavouring As E.G. Garlic Slivers, Truffle, Tongue, Etc. See Also Piquer

D

Débrider; French Meaning To Untruss

Decant: To Gently Pour Off The Clear Liquid From The Top Of A Mixture Of Liquid And Heavy Particles, Where The Latter Have Settled To The Bottom. Usually Applied To Wine To Separate It From The Crystals Of Tartaric Acid Which Are Precipitated On Long Standing.

Deglaze: To Dissolve And Loosen Coagulated Meat Juices Which Stick To The Bottom Of A Roasting Dish Or Frying Pan Using Water, Stock Or Wine. The Resulting Solution Or Suspension Is Sometimes Reduced In Volume By Boiling And Is Used To Add Flavor To Sauce Or Stock.

Dégorger French Word Mcaning To Soak Foods In Cold Water To Get Rid Of Impurities And Remove The Blood

Dégraisser : French Word Meaning To: To Degrease, To Remove Fat

Degrease: To Take Off The Grease From Soups Etc

Dehydrate

Délier, French Word Meaning To Untie

Dénerver : To Remove Tendons, Gristle, Arteries, Veins And Membranes From Meat And Muscle

Desalinate

Déshydrater : To Dehydrate

Déssaler French Word Meaning To:To Desalt By Soaking In Water

Dessécher : Dry Out

Déssoser Boned Boned, Without Bones

Detail: Cut A Meat, A Posson Of The Vegetables Into Slices, In From, In Cubes, In Rings …

Detailler: French Word Meaning To Cut Out

Dissolve

Dorer, Faire,   To Make Brown Slightly

Drain

Dresser : French Word Meaning To Harmoniously Lay Out The Dishes In The Dishes Or Plates Of

Service.

E

Ebarber : French Word Meaning To Remove, With A Pair Of Scissors, The Small Hairs Of The Tail Of A Lobster, A Lobster, A Crayfish, Etc Or The Fins Of A Lobster Fish.

Express: To Squeeze The Juice Of Fruit

Ecumer : French Word Meaning To To Skim

Etuver : French Word Meaning To Cook Slowly In A Closed Pan, With A Little Water.

Emonder Or Monder: French Word Meaning To Get Rid Some Fruits Of Their Skins After Bleaching Them

Emoudre French Word Meaning To Grind

F

Faire Frire : Frying: Method Of Cooking That Involves Dipping A Food In A Fatty Body That Is Then Floured To Obtain A Golden Crust

Farcir : Filling With Stuffing

Fariner : To Put Flour

Fendre : To Open A Fish Or Meat To Insert A Garnish

Festonner : To Decorate A Primer With A Festoon Layout

Filter: Get Rid A Liquid Of These Impurities By Passing It Through A Colander ....

Finir : To Complete A Preparation.

Flamber : To Flame: Pass A Bird To The Flame To Complete Its Cleaning Or Pour Alcohol On A Dish And Set On Fire To Give It A Spicy Taste

Flamber Flaming A Poultry To Perfect The Cleaning Or Pour Alcohol To Raise The Taste Of The Dish

Foisonner : To Increase In Volume

Fondre : To Melt Make Liquid With The Help Of Heat A Product Such As Sugar, Chocolate, A Solid Fat , Etc.

Former : Gives A Final Form / Shape To A Preparation

Fouetter : To Whisk: Beat Cream , Eggs, A Preparation To Make It Homogeneous, Compact Or Light

Fouler : Crush Potatoes

Frémir : Shudder As Boiling Approaches

Frire : To Fry Cook A Food, Or Finish Its Cooking, By Immersion In A Fatty Body Brought To High Temperature

G

Garnir : To Garnish

Gommer : To Cover Sweets With Arabic Gum Before Coating Them

Graisser : To Grease

Gratiner : To Gratinate : Bake Or Finish Baking A Preparation That Has Been In The Oven, So That It Presents A Thin Golden Crust On The Surface

Grainer : To Seed

Griller : To Grill

H

Habiller : To Dress Poultry

Hacher : To Mince

Huiler : To Oil

I

Imbiber : To Soak

Imbriquer : To Overlap With Ingredients

Inciser/ Incise To : Make An Incision With A Sharp Knive

Incorporer : To Incorporate

Incruster : Make Decorative Patterns On Sweets And Candys With A Knife

L

Lever/ Take A Sample Of
/Take Pieces Of Meat, Poultry, Fish Or Vegetables.

Limoner
Eliminate Skin, Blood And Impurities From Certain Foods By Immersing Them In Water .

Lier
Bind: Increase The Consistency Of A Cream Or Liquid And Give A Certain Smoothness By Adding Flour, Starch, Egg Yolk, Fresh Cream.

Lustrer : To Glaze

M

Malaxer : To Malax : Make Soft A Preparation

Manier Handle Work One Or More Ingredients In A Container With A Spatula To Make It Homogeneous. This Operation Is Famous For The Preparation Of Maniated Butter

Mariner : To Marinate : Soak An Ingredient In An Aromatic Liquid For A Specified Time, To Soften And Perfume It.

Masquer/ To Mask: To Cover Completely A Dish

Mélanger : To Mix

Mijoter : Simmer: Slowly Cook Dishes, Usually In Sauce, Or Finish Cooking.

Mouiller : To Wet: To Add Water, Milk, Broth, Wine, In A Culinary Preparation, Whether To Cook It Or To Make Sauce, Juice, Etc.

Manier : Manner: Homogenize A Preparation Of One Or More Ingredients With A Spatula

Marbrer : To Marble : = Operation That Consists In Forming Marbling On Some Pastries Opération

Masquer : To Fully Cover A Cake With Cream, Marzipan, Marmelade

Masser : It Is Said Of A Sugar That Crystallizes When Cooking

Meringuer: Cover With Meringue.

Monder :Remove Skin From Fruit.

Monter Des Blancs D'oeufs : To Whisk

Mouiller : To Wet : To Add A Liquid To A Preparation, For Cooking Or Juicing.

Mouler : To Mould

German

A

Auflösen

(Likör, Kaffee, Schokolade,

Absenken : Ausdünnen Und Eine Menge Mürbeteig Oder Blätterteig Auf Den Boden Verteilen.

Aromatisieren: Aromatische Substanz Einrühren

Aufsetzen (Sauce)

Ausblenden

Ausdrücken:

Ausrollen : Teig Auf Rolle Verteilen Und Abflachen

Ausschneiden

Eine Sauce Durch Zugabe Von Butter Und Emulgieren Der Sauce Fertig Stellen.

Rose, Etc.) Zu Einer Vorbereitung

Zubereitung Mit Einem Tauchmixer.

Zum Backen.

B

Beschichten

(Spinat, Grüne Bohnen).

Beim Backen: Eigelb Und Zucker Kräftig An

Beseitigen Sie Die Schärfe (Kohl) Oder Fixieren Sie Die Farbe Und Kochen Sie Einige Grüns

Binden

=

Blanchieren: Ein Element Zum Kochen Bringen/ Blanchieren Blanchieren France To Blanch Or Scald

Bleichen

Blockieren: Elemente Einfrieren

Blondieren Blondieren Frankreich

Braten

Brennen : Elemente Durch Feuer Verdunkeln Und Untröstlich Machen

Buchen

Butter: Butter Auf Brot Geben, In Eine Zubereitung Geben, Mit Butter Würzen

Ein Paar Minuten, Um Verunreinigungen Zu Entfernen Und Blut Zu Entfernen, Festigen

Fleisch Oder Überschüssiges Salz Entfernen.

Für Fleisch: In Kaltes Wasser Geben Und Dann Zum Kochen Bringen

Für Gemüse: Tauchen Sie Ein Paar Minuten In Kochendes Wasser, Um

Mit Einem Schneebesen Oder Einem Holzspatel.

To Blanch, To Put Anything On The Fire " Und " In Cold Water Until It Boils, Then It Is Drained And Plunged Into Cold Water

D

Dekorieren

Degen

Dekantieren

E

Einbetten

Emulgieren

Emulieren

Entgraten

Entfetten

Entkernen

Enteisen

Entgräten

Entsalzen

Entschäumen

F

- Flammen
- Flambieren
- Filtern
- Fritieren

G

Garnieren

Greifen

H

Halbieren

Homogenisieren

K

Klären

Eine Operation, Die Darin Besteht, Eine Flüssigkeit Klar Und Klar Zu Machen.

Vorgang Des Trennens Der Butter Von Der Molke Durch Schmelzen

Sehr Langsam.

Klären: Machen Sie Eine Klare Flüssigkeit Durch Filtern Oder Dekantieren

Zerkleinern

Ein Produkt Zersplittern, Ohne Besonders Nach Feinheit Oder Feinheit Zu Suchen.

Regelmäßigkeit Der

Stücke.

Kneten

Kochen Kochen Frankreich To Boil

L

Lüften

Aerate, To To Incorporate Finely Divided Air Into A Liquid Or Powder Mixture, By E. G. Sieving Flour, Whisking Or Beating Eggs, Or Beating Air Into A Cake Mixture

Mischen, Mischen, Frankreich-To-Mix, Amalgamate Gold Blend

M

Mazerieren

Meißeln : In Kleine Würfel , Kräuter, Zwiebel, Schalotte

Schalotte Sehr Fein Schneiden

Montieren

P

Panieren

Ungenießbare Oder Nicht Darstellbare Teile Eines Lebensmittels Beseitigen.

Peitschen

Pochieren

Polieren

Prallen

R

Rechnen

Reduzieren

Reduzieren Bedeutet Ungedeckt Kochen, Um Das Volumen Einer Flüssigkeit Von

Rösten

S

Säuern : Fügen Sie Einer Zubereitung Eine Saure Substanz Hinzu, Um Ihren Ph-Wert Zu Senken

Aktion, Um Ein Essen Zu Einer Milden Hitze, In Einem Fettigen Körper Zu Unterwerfen,

Binden Sie Ein Geflügel Oder Wild, Um Die Gliedmaßen Entlang Der Körper, Um Die Handhabung Während Des Kochens Zu Erleichtern Und Eine

Sandstrahlen

Schälen

Scharf Schälen

Schlagen: Zusammengesetzte Elemente Energisch Schütteln / Schlagen Schlagen France To Whip, Especially Eggs/ Schlagen: Ein Material Oder Eine Kulinarische Zubereitung Bearbeiten, Um Aussehen, Konsistenz Oder Farbe Zu Verändern

Schmelzen

Schmoren

Schneiden

Schnitzen

Schöne Präsentation.

Schwitzen (Machen)

Sehnen

Spannen

Spicken

Straffen

T

Temperieren

Tupfen

Tränken

Z

Zerkleinern

Spanish

A

Ablandar

Acaramelar

Achicharrar

Acidificar: Agregar Una Sustancia Ácida A Una Preparación Para Reducir Su Ph

Acidular : Añadir Un Ácido (Por Ejemplo, Jugo De Limón, Vinagre O Un Aditivo Permitido) A Una Mezcla Para Reducir Su Ph A Menos De 7. También Se Llama Acidular, Para

Aclarar : Operación De Hacer Un Líquido Claro Y Claro

Acomodar: Sazonar Y Cocinar

Adelgazar

Aderezar

Adobar

Afilar

Agitar

Agujerear

Ahogar

Alargar

Aliñar

Amalgamar

Amasar

Apretar

Asar

Asar A La Parrilla

Astillarse

Azúcar

B

Bañar = To Baste

Batir: Agitar Vigorosamente Los Elementos Juntos

Blanquear = To Blanch

Bloquear: Congelar Artículos

Brasar: Un Mod De Cocina Que Es Una Combinación De Tostado Y Guisado

Eliminar El Exceso De Sal.

Eliminar La Acidez (Repollo) O Arreglar El Color Y Cocinar Algunos Verdes (Espinacas, Judías Verdes).En Pastelería : Trabajar Vigorosamente Las Yemas De Huevo Y El Azúcar Para Usando Un Batidor De Madera O Espátula.

Para Carnes: Poner En Agua Fría Y Luego Llevar A Ebullición

Para Verduras: Remojar En Agua Hirviendo Durante Unos Minutos Para Blanquear, Poner Cualquier Cosa En El Fuego En Agua Fría Hasta Que Hierva, Luego Se Drena Y Se Sumerge En Agua Fría

Unos Minutos Para Eliminar Las Impurezas Y Eliminar La Sangre, Firme

C

- Caramelizar
- Calcinar
- Catar
- Cernir
- Chamuscar
- Cocinar
- Cocinar
- Colorear
- Congelar
- Conservar
- Cortar
- Cortar En Dados
- Cortar En Rodajas
- Cortar Los Vegetales
- Cortarse (La Leche,Etc.)
- Cuajar

D

Decantar

Derramar

Derretir

Derretir

Desalar

Desalinizar

Desatar

Descongelar

Descremar

Descremar

Desengrasar

- Desespinar
- Desespumar
- Deshidratar
- Deshuesado
- Deshuesar
- Desleir
- Deslizar
- Desmenuzar
- Desnatar
- Desollar
- Despechugar Despellejar
- Despensar
- Despiezar
  - Desglasar
  - Deshidratar
  - Deshuesadar
  - Desplumar
- Destacar
- Destripadar
- Destripar
- Destripar
  - Diluir
  - Dorar
- Dorar Al Horno

E

Emulsionar

Empapar

Embeber

Embridar

Embudo

Embutir

Empanar

Empanar

Empapar

Empastar

Enfriar

Engrasar

Enharinar

Enlatado

Enmantecar

Enristrar

Engullir

Escabechar

Escaldar

Escalfar

Escamar

Escanciar

Escarchar

Escamar
Escanciar
Escarchar
Esparcir
Estofar

F

    Freir

Freir En Mucho Aceite

Freir Rápidamente =

    Fundir

H

Hervir

Hervir = To Boil

Hervir Por Poco Tiempo = To Blanch, To Scald

Hornear = To Bake

Homogeneizar

I

Impregnar = To Soak, To Impregnate

L

Limpiar = To Clean, To Mop, To Wipe

M

Mezclar

Moler

Monder (Nueces, Tomates)

O

Ordenar (Poner Orden) = To Arrange

Ordenar (Pedir, Encargar) = To Order

Ordeñar = To Milk

Orear = To Air

P

Parer

Pelar

Picar

Precalentar

Q

Quemar

R

Reducir

Rallar

Rallar Grueso

Rebosar

Rebosar

Recubrir

Rehogar

Rellenar

Revolver

Robar

S

Secar
Suavizar

Salcochar = To Boil In Salt Water

Salpicar = To Drizzle, To Sprinkle, To Sizzle, To Spatter

Salpicar = To Splash, To Splatter

Salpimentar = To Season With Salt & Pepper

Saltear = To Sauté, To Stir-Fry

Soasar = To Roast Lightly

Sorber = To Sip

Sobar = To Knead

Sujetar = To Skewer

T

        Tostar

        Tragar

Trago

        Trasegar

        Trocear

U

Unir Con Huevo, Grasa O Líquido

V

Ventilar

Italian

A

Abbrustolire : Fare Prendere Colore Ad Alimenti (Pane) Esponendoli A Un Forte Calore Sulla Fiamma O In Forno

Acomodar

Acidulare: Rendere Acido Una Preparazione

Addensare: Cuocere A Fuoco Lento Una Salsa, Per Aumentare La Sua Densità De I Sapori.

Allungare: Fluidizzare Un Liquido Per Schiarire Il Sapore

Ammorbidire : Ridurre L'amarezza Di Un Piatto Aggiungendo Latte+ Zucchero

Affogare : Modo Di Cottura Lento E Delicato,

Asciugarsi

Accosciare : Legare Con Spago Da Cucina Le Cosce E Le Ali Di Un Volatile Perchè Non Si Perde La Forma Initiale

Amalgamare: Mescolare Varie Sostanze Fino Ad Ottenere Una Composizione Omogenea.

Aromatizzare

B

Blanchir In Francese : Scanbiare In Italiano, Ammorbidire Un Elemento Portandolo Ad Ebollizione

Bloccare: Congelare Gli Elementi

Blondir : Imbiondire

Bollire: Portare A Ebollizione

Brasare (Braiser In Francese)

Bruciare: Annerire Gli Elementi Dal Fuoco E Renderli Incommendable (Spinaci, Fagiolini).

Burrare: Coprire Le Pareti Di Un Contenitore Con Burro

In Pasticceria: Lavorare Vigorosamente I Tuorli E Lo Zucchero

Per Le Carni: Mettere In Acqua Fredda E Poi Far Bollire

Pochi Minuti Per Rimuovere Le Impurità E Il Sangue, Ferma

Rimuovere Il Sale In Eccesso.

Rimuovere L'acidità (Cavolo) O Fissare Il Colore E Cuocere Alcuni Verdi Usando Una Frusta Di Legno O Una Spatola.

C

Caramellare: Ricoprire Un Alimento Con Zucchero Caramellato.

Chiarire: Rendere La Materia Torbida Liquida E Chiara

Cucinare

Cuocere

D

Decorticare

Desalinare

Decantare

Deglassare: Sciogliere Il Fondo Di Cottura Di Un Alimento Con Un Liquido.

Disossare

Dettagliare

Disidratare

Diliscare: Eliminare Le Lische Dal Pesce.

Dissalare: Eliminare Il Sale Dagli Alimenti

E

Emulsionare

F

Farcire : Riempire Un Alimento

Fiammeggiare: Esposare Alla Fiamma Del Gas Un Volatile Per Bruciare Ed Eliminare La Peluria Residua O Dar Fuoco All'alcool Che Si Versa In Una Preparazione

Flambare: Cospargere Con Alcool Un Alimento E Dargli Fuoco.

F
Friggere

Finire Di Finire Una Preparazione Con Un Focus Finale Di Condimento, Consistenza, Decorazione, Ecc.

Friggere Cuocere Un Alimento, O Finire La Sua Cottura, Per Immersione In Un Corpo Grasso Portato Ad Alta Temperatura

G

Guarnire

Gommare:
Coprire Con Uno Strato Molto Sottile Di Gomma Fusa Arabica Da Praline O Confetti Prima Di Rivestirli.

L

Limoner (Francese) Eliminare La Pelle, Parti Insanguinate. Impurità In Alcuni Alimenti Immergendoli In Acqua O Tenendoli Sott'acqua.

Lustrer (Lustrare): Dare Lucentezza A Una Preparazione In
Rivestirlo Con Un Elemento Che Perfeziona Il
Presentazione

M

Macerare : Lasciare Un Alimento A Bagno Per Dargli Sapore

Meringare : Coprire Con Meringa. Montare I Bianchi D'uovo

Marinare Immergere Un Ingrediente In Un Liquido Aromatico Per Un Tempo Specificato, Per Ammorbidirlo E Profumarlo.

N

Nappare: Distribuire Sui Cibi Piccole Quantità Di Salsa, Sugo, Cioccolatto

Nascondere: Coprire Completamente Un Entrée, Una Torta, In Uno Strato Liscio E Uniforme, Crema, Pasta Mandorla, Marmellata Ecc

O

Oliare

P

Parare: Eliminare Tutte Le Parti Non Adatte Alla Preparazione

Pralinare

Poeler Cuocere Lentamente, In Un Contenitore Coperto, Con Un Ripieno Grasso E Aromatico E Una Breve Bagnatura (Acqua, Fondo, Vino, Ecc.).

Panacher: Mescolare Due O Più Elementi

Colore, Sapore O Forma

Diverso.

R

Rubare: Sbucciare Le Patate

S

Sbattere: Agitare Vigorosamente Insieme Uova Elementi E Lavorare Un Materiale O Preparazione Culinaria Per Cambiare Il Suo Aspetto, Consistenza O Colore

E Omogeneo.

Grumo.

Setacciare: Passare Attraverso Farina, Lievito O Lievito.

Stringere: Smettere Di Fare Neve Bianchi Salire Con L'aggiunta Di Zucchero Per Renderli Ferma

Zucchero Attraverso Un Colino Per Rimuovere L'

Portuguese

A

Acomodar: Estação E Cozinha
acidificação: Adicionar Uma Substância Ácida A Uma Preparação Para Reduzir O Seu Ph

Afogamento: Cozedura Lenta E Suave

Alfinetare

Alongamento: Fluidize Um Líquido Para Aliviar O Sabor

Amaciamento: Reduzir A Amargura De Um Prato, Adicionando Leite+ Açúcar

Amaciar: Reduzir A Amargura De Um Prato, Adicionando Lat, Açúcar

Amaciar: Reduzir A Amargura De Um Prato, Adicionando Lat, Açúcar

Amálgama : Misturar Várias Substâncias Até Obter Uma Composição Homogénea.

Assar

B

Burrare: Cobrir As Paredes De Um Recipiente Com Manteiga

Blanchir Em Francês: Amolecer Um Elemento Que Leva A Ferver

Para A Carne: Colocar Em Água Fria E Depois Ferver

Alguns Minutos Para Remover Impurezas E Sangue, Parar

Remova O Excesso De Sal.

Remover A Acidez (Couve) Ou Fixar A Cor E Cozinhar Algumas Verduras

(Espinafres, Feijão Verde).

Em Pastelaria: Trabalhar Vigorosamente As Gemas E O Açúcar Para

Usando Um Batedor De Madeira Ou Espátula.

Blondir: Castanho

Bloquear: Congelar Os Itens

Brasare (Braiser Em Francês))

C

Caramelizar: Cobrir Com Caramelo, Perfume Com Caramelo, Dar Cor Caramelo

Alfinete: Incisão De Um Fruto

Cozinhar

Cozinhar Em Banho-Maria

Cortar

Cortar Grosso

Cortar Em Cubos

(=Cozinhar No Microondas

Cozinhar No Vapor

Mordidela; Entalhe Uma Flácida Mais Baixa Para Inchar Ao Cozinhar E Melhorar A Apresentação

Formões: Incisão Da Superfície De Um Peixe Redondo Ou De Uma Roleta E Corte Em Pequenos Pedaços De Produtos Hortícolas

Clarificar: Tornar A Matéria Turva Líquida E Transparente

Cravo: Colocar Cravo-Da-Índia Numa Grande Cebola Crua E / Ou Rechear Uma Preparação De Vaina Ou Peixe

Colorir Embelezar Uma Preparação Com Uma Cor Vantajosa Ou Caramelizar Uma Carne

Compota: Elementos De Cozimento Em Baixo Calor Para Que Eles Sejam Reduzidos A Compota

Esmagar Cortar Ou Esmagar Uma Substância Grosseira

Creme: Colocar Creme Fresco Em Uma Preparação Para Amaciá-Lo E Torná-Lo Cremoso

Camisa (Um Molde)

Cobrir As Paredes Com Um Molde De Papel, Alumínio, Outro

Preparação De Alimentos, Etc.

Turvação: Inserir Pedaços De Trufas Em Forma De Unha, Bacon Nas Aves, Poulards, Almofadas De Vitela E Pães Doces.

Cinzel

Cortar Finamente Em Cubos Pequenos Ou Cortar Finamente Com Uma Faca

Ervas, Cebola,

Chalota, Etc. Ou Fazer Pequenas Incisões Sobre Um Alimento Para

Cozinha Fácil.

Esclarecer

Operação De Deixar Um Líquido Claro E Claro.

Separação Da Manteiga Do Leite Por Fusão

Lentamente.

Clarificar: Deixar Um Líquido Claro Por Filtração Ou Decantação

Esmagar

Esmagar

Esclarecer

Contiser Piquer

Cozinhar

Cremes: Trabalhar A Gordura Sozinho Ou Com Outro Ingrediente

Caramelizar Napper Caramelizado .

D

Dessalinizar

Decantar

Decantar

Decorticação

Decuire

Deglaze

Deglaze

Denerve

Depreciar Depreciar França 1. À Junta 2. Esculpir

Descaroçado

Desgaseificação: Dissolver O Fundo De Cozinha De Um Alimento Com Um Líquido.

Desidratado

Desidratar

Desossado

Desossar

Desossar

Dessalinizacao

Dessalinização

Dessalinização: Retirar Sal Dos Alimentos

Dessalinizar

Detalhar

Detalhe

Detalhe: Cortar Uma Carne, Uma Porção Dos Vegetais Em Fatias, Em Cubos, Em Anéis ...

Douradas, Feitas

Elegantemente E Com Bom Gosto Organizam Os Elementos Num Prato.

E

Eua

/ Express: Espremer O Sumo Ou De Fruta

/ Mincer Mincer France To Slice Thinly, To Cut Into Slivers Or Thin Faties

Borrifar Com Álcool Uma Comida E Incendiá-La

Cortadas Em Fatias, Argolas Ou Lâminas, Mais Ou Menos Finas, Em

Cozinhe Lentamente Em Uma Panela Fechada, Com Um Pouco De Água.

Dar Uma Forma Normal.

Descascador: Para Descascar

Ebarber

Ebulição: Mergulhar Um Alimento Com Água Fervente Para Amaciar A Carne (Carne, Peixe, Crustáceos))

Ecumer

Eliminar, Os Filamentos De Clara De Ovo Coagulada Num Ovo Escalfado Para Ele.

Emer Ou Monder: Livrar-Se De Alguns Frutos De Suas Peles, Depois De Descolorí-Los

Emoudre Emoudre França Para Moer

Emulsionar

Escumação: Retirar A Nata Do Leite

Etuver

F

Faca Ou Com Bandolim.

Fatiar

Ferver

Flamejante / Flamejante: Expor Um Volátil À Chama Do Gás Para Queimar E Eliminar O Flufo Restante Ou Atear Fogo Ao Álcool Que É Derramado Em Uma Preparação

Fritar

Fritar Por Imersão

Lagosta, Lagosta, Lagosta, Etc. Ou As Barbatanas De Uma Lagosta

Lascas Ou Fatias Finas

Mince Faife

Mincer France Para Cortar Fino, Para Cortar

Oter A Escumalha Que Aparece Na Superfície De Um Líquido De Cozinha.

Peixe.

Picar

Remover, Com Um Par De Tesouras, Os Pelos Pequenos Da Cauda De Um

Revestir

G

Grelhar

I

Incise

A Superfície De Uma Preparação Ou
Confeitaria De Padrões Decorativos
Com A Ajuda De Uma
Faca, De Uma Decoupolr.
Incorporar
Incrustações: Marcas Mais Ou Menos
Profundas
Infundir

Jointar Butcher Ci Suaviza As Linhas De Junção De Alguns Pastéis, Formado De Baixo Sobreposto. A Operação, Realizada Com A Ajuda De Creme, Visa Obter Uma Superfície E Contornos Uniformes. Para Uma Boa Apresentação Ou Cobertura.

L

Limoner Eliminar A Pele, Partes Sangrentas. Impurezas Em Certos Alimentos Mergulhando - Os Em Água Ou Mantendo-Os Debaixo De Água.

Levante - Se: Diz - Se De Uma Massa Que Aumenta Por

Volume Sob O Efeito Da Fermentação.

Ligar: Aumentar A Consistência De Um Creme Ou Líquido Dar Um Certo, Adicionando-Lhe Farinha, Amido, Gemas De Ovos,

Creme.

Lustre: Dar Brilho A Uma Preparação Em

Revesti-Lo Com Um Elemento Que Aperfeiçoa O

Apresentacao

M

Kneading Trabalho Uma Substância Para Amaciá-Lo Ou Suavizá-Lo.

Punho Remover Com Uma Faca De Desossa A Extremidade De Um Osso (Cordeiro, Carne De Bovino, Perna De Frango), A Fim De Cuidar Da Apresentação ; Ele Pode Então Ser Guarnecido Com Uma Folha.

Manusear Trabalhar Um Ou Mais Ingredientes Em Um Recipiente Com Uma Espátula / X) Ur Torná-Lo Homogêneo. Esta Operação É Mais Conhecida Pela Preparação De Manteiga De Mandioca (Ver Manteiga).

A Mariner Molha Um Ingrediente Em Um Líquido Aromático Por Um Tempo Especificado, Para Amaciá-Lo E Perfumá-Lo. Esta Prática Culinária É Muito Antiga: O Vinho. Vinagre, Água Salgada, Ervas E Especiarias Não Só Amaciou O Sabor Muito Forte Do Jogo, Mas Também Manteve Peças Chave De Carne Por Mais Tempo.

Máscara Cobrir Completamente Um Prato, Em Uma Camada Lisa, De Uma Preparação Razoavelmente Consistente, Doce Ou Salgado. Também Mascaramos O Fundo De Um Prato Com Uma Preparação Ou Vários Ingredientes Que Espalhamos Regularmente.

Misturar Ingredientes Sólidos Ou Líquidos Num Utensílio De Preparação E Misturá-Los Para Fazer Um Dispositivo, Um Pálido, Um Salpicão.

Moer

Cozinhe Lentamente Os Pratos, Geralmente Em Molho, Ou Termine De Cozinhá-Los.

Wet Add A Liquid In A Culinary Preparation, Whether To Cook It Or To Make Sauce, Juice, Etc. O Líquido, Chamado "Molhagem", Pode Ser Água, Leite, Caldo, Um Fundo, Vinho.

Macerato: Estabilização, Maior Ou Menor,

Frutas Frescas, Cristalizadas Ou Secas Álcool, Xarope, Vinho, Etc. Para Que Estes Os Permeiem Com Os Seus Perfume.

Marinare Marinare Itália Para Marinade Marinar, Para Marinar, Para Tratar Carne Crua, Aves De Capoeira, Caça Ou Peixe Com Marinada

Marinato Marinato Itália 1. Marinado 2. Escolhido

Marinated Marined France 1. Marinado 2. Escolhido Ou Abraçados

Mariner Mariner França Para Marinar

Marinerad Böckling Marinerad Böckling Suécia Limpo,

Amaciamento: Amaciar A Manteiga Ou Amaciar A Massa Manualmente

Modo: Homogeneizar Uma Preparação De Um Ou Mais Ingredientes

Com Espátula

Marmoreamento: Operação Que Consiste Em Formar Marmoreamento
Em Alguns Bolos

Esconder: Cobrir Completamente Uma Entrada,
Um Bolo, Em Uma Camada Suave E Uniforme, Creme, Massa
Amêndoas, Geleias, Etc.

Massagem: Diz-Se De Um Açúcar Que Cristaliza Ao Cozinhar

Merengue: Cobertura Com
Merengue.

Amêndoas: Retirar A Casca De Um Fruto (Amêndoa),
Peach, Pistachio.
Em Um Coador E Mergulhou Alguns
Segundos Em Água A Ferver. O

Mondage É Feito Com A Ponta De Uma Faca, Suavemente, Sem Iniciar A Polpa.

Montagem De Claras De Ovos

Húmido: Adicionar Um Líquido Numa Preparação, Para Cozinhar Ou Fazer Sumo.

Molde: Colocar Em Um Molde Uma Substância, Uma Mistura, Um Fluido Ou Preparação Pastosa Em Um Molde, Que Irá Corresponder Ao Forma Através Da Alteração Da Consistência Por Cozedura Por Arrefecimento Ou Congelação

Fazer

Cobertura Verter Em Um Prato Um Molho, Caldo, Creme, Etc.. A Forma De A Cobrir O Mais Completa E Uniformemente Possível.

N

.

Normalmente, A Operação É Realizada Antes Da Realização De Um Molho.

Flamber (Aves De Capoeira))

Inflamar Rapidamente Um Pedaço De Aves De Capoeira Ou De Caça Com Penas

Para Eliminar O Down.

Abundar

Farinha Coberta Com Farinha Alimentar, Farinha Em Pó Ou Toucinho.

Cortar Levemente Um Peixe Para Que O Calor De Cozinhar Penetre A Carne Mais Rápido (Evitando Assim Que Não Seque), Ou Uma Carne De Açougueiro Detalhado, Ou Um Supremo De Aves De Capoeira, Para Inserir Uma Guarnição.

O Festoon Tem Elementos Decorativos Na Borda De Um Prato De Uma Ilha Servente Em Festoons : Croutons De Pão Ou Dados De Geleia , Metades De Limão Felpudas , Floretes, Dependendo Se O Primer É Quente Ou Frio.

Filete Leva Os Filetes De Um Peixe Previamente Vestido. Esta Operação (Denominada E - Threading•) É Efectuada Num Tabuleiro Reservado Ao Manuseamento De Peixe, Utilizando Um Pescoço

Terminar Uma Preparação Com Um Foco Final De Tempero, Consistência, Decoração, Etc.

Flaming Passar Um Volaill E Para A Chama Para Terminar A Limpeza Ou Água Um Prato De Alco L E Colocar Em Fogo Para Destacar O Sabor.

Descascar). O Flambag E De Um Primer Salgado Na Cozinha Tribunal S Consiste Em Aspergi-Lo Com Um Álcool Pré-Aquecido (Conhaque, Armagnac, Calvados, Rum, Whisk Y), Que É Inflamado Imediatamente.

Derreter Liquefeito Pelo Calor De Um Produto Como Açúcar, Chocolate, Um Corpo Sólido De Gordura, Etc. Para Evitar A Queima Do Produto, Muitas Vezes Recorrer A Um Banho De Água, Ou Inserir Um Difusor E Mexer Com Uma Colher De Madeira. * Derretimento-Também É Dito Estar Cozinhando Para Incubação De Certos Vegetais Em Um Corpo Gordo, Sem Qualquer Outro Molhamento Que Não A Sua Vegetação Água (Ver Kttvkh, Sikh)

A Formação Dá A Sua Forma Final A Uma Preparação, Possivelmente Antes De Cozinhar. É Possível Formar Unipaste Levantada Antes De Colocar Em Molde, Formar Um Primer De Peixe, Carne Ou Outro, Seja Recheado, Pane Ou Mascarado, Antes De Cozinhar

Passar Por Um Chinoi S Ou Cheesecloth Um Molho , Puré, Sopa, Comprimindo-Os Com Uma Pequena Concha Ou Espátula De Madeira

Arrepiar Ser Agitado, Quando Se Trata De Um Líquido, A Partir Do Arrepio R Treme Que Precede A Ebulição Para A Preparação De Uma Perfusão Deve, Também, Apenas Tremer E Não Ferver

Fritar Cozinhar Um Alimento, Ou Terminar A Sua Cozedura, Por Imersão Em Um Corpo Gordo Trazido A Alta Temperatura

P

Passe Colocado Em Um Chinês Ou Cheesecloth, Para Filtrá-Los, Um Caldo, Um Molho, Um Creme Fino, Um Xarope Ou Geleia Que Exigem Ser Muito Suave : Po.Tr Passa Os Molhos Grossos, Esmagamo-Los Num Chinês Metálico Com A Ajuda De Um Pilão, Para Remover Quaisquer Nódulos. Ou Seja, O Termo " Pass • * É Também Utilizado Para Drenar Ingredientes Após A Lavagem Ou Cozedura.

Começar (Fazer) Começar A Cozinhar Uma Preparação Relativamente Longa, Iniciando-A No Fogo Antes De Colocar O Prato No Forno. Também Deixamos No Fogo A Cozedura De Um Primer Em Um Banho De Água (Até Que A Água Começa A Ferver), Então Colocamos Tudo Em Um Forno Macio Para Manter A Caça Furtiva Da Comida.

Retirar A Camada Superficial De Um Alimento

Poeler Cozinhar Lentamente, Em Um Recipiente Coberto, Com Um Recheio De Gordura, Aromático E Um Curto Wetting (Água, Fundo, Vinho, Etc.).

Pressione Um Bolso De Manga Cheio Com Uma Preparação, A Fim De Trazer Para Fora Através Da Manga Um Primer De Uma Determinada Forma E Volume: Assim, Empurramos A Massa De Couve Em Um Lençol De Cozimento, Creme De Pele Em Um Prato Para Decorar (Ver Hora De Dormir

Picar

Panacher: Misturar Dois Ou Mais Elementos

Cor, Sabor Ou Forma Diferente.

Paring: Equalizar Os Ângulos De Um Bolo

Fragrância: Adicionar Uma Segunda Fragrância, Como Um Aromatizado, Especiarias, Álcool A Um Alimento Ou Preparação De Acordo Com O Seu Aroma Natural

.

Piler: Amêndoas Pulverizadas E Avelãs

Pitada: Fazer Ds Estrias Na Borda De Uma Massa

Para Embelezar A Apresentação De Uma Sobremesa.

Costura: Fazer Pequenos Orifícios Regulares Para

A Superfície De Uma Pasta Baixa, Usando

Com Um Garfo, Para Que Não Inche

Não Durante A Cozinha.

Cacar

Push: Diz-Se Que Uma Massa Volumizou

Sob A Acção De Levedura.

Praliner: Adicionar Praline A Um Creme, A Uma Preparação

Q

Quebrar

R

Refogar

Libertação: Qualifica O Estado De Uma Pasta Ou Creme

Que Se Tornou Macio Após A Sua Fabricação.

Livro: Conservar Fresco Ou Quente

Ingredientes, Misturas Ou Preparações Destinados A Serem Utilizados

Tarde.

Rioler: Colocar Tiras De Massa Na Superfície De Um Bolo, Para Formar Uma Grelha Regular

Firme: Colocar Uma Massa No Frio Para Aumentar A Sua Consistência E Firmeza

Refresh: Coloque Uma Sobremesa No Fresco

Ralar

Arranhão: Desenhar Os Losangos Na Parte Superior De Uma Massa Revestida De Dourada Com Uma Faca Ou Garfo

Reduzir: Reduzir O Volume De Um Líquido Por Evaporação, Mantendo-A A Ferver

Aquece R Trazer À Temperatura Degustação Um Alimento Já Cozinhado, Mas Que Foi Refrigerado Ou Refrescado.

Carne De Aves De Capoeira, Caça Ou Até Mesmo Peixe, Com Uma Certa Quantidade De Gordura, Expondo-O Directamente Ao Calor De Um Fogo Aberto, Numa Chaminé E Ao Cuspo Ou Calor Radiante De Um Forno Ou Rotisserie

S

O Sangler Envolve Gelo Brilhante Esmagado E Grande Sal, Bem Tapado, Um Molde Apertado Colocado Em Um Recipiente.

Singer Powder Flour Devolveu Elementos Em Um Corpo Gordo Antes De Adicionar Um Líquido Molhante Transparente (Vinho, Caldo, Água) Para Ligar O Molho.

Xarope Colocar Um Bolo De Rosa Pálida (Baba, Savarin Especialmente) Para Absorver Em Um Xarope Quente Ou Água Várias Vezes Até Que Seja Totalmente Impregnado (Também É Dito - Sip•*).

Solda Ligeiramente Pressione Entre Os Dedos As Bordas De Duas Massas Insulares, Ou As Bordas Dobradas Das Mesmas Camadas, Humedecidas Com Água Ou Douradas, De Modo Que Permaneçam Coladas Durante A Cozedura. Esta Operação Diz Principalmente Respeito A Tartes, Tartes De Crosta, Chinelos, Patties E Timbales.

Aperte: Pare De Fazer As Brancas Da Neve Subir, Adicionando Açúcar Para Torná-Los Firmes
E Homogénea.

Xarope: Impregnar Um Baba Ou Uma Savarina Com Álcool, Xarope Ou Licor

Estriador: Desenhar Riscas Na Superfície Dos Bolos

Você

Peneiração: Passar Pela Farinha, Levedura Ou Fermento Em Pó.

Açúcar Através De Um Coentro Para Remover O

Montante.

Agente Tampão: - Apresentar Uma Película Fina De Gordura

Na Superfície De Uma Nata Ou De Um Pedaço De Manteiga Que, Derretendo Impedirá A Formação De Uma Pele.

Puxar: Operação Que Envolve Alongamento E Alongamento De Açúcar

Para Dobrá-Lo Em Si Mesmo E Satiná-Lo

Tourer: Realizar Os "Tours Necessários""

A Fazer Um Pastel.

Trabalho: Misturar Vigorosamente

Elementos De Uma Preparação Pastoso Ou Líquido Ou Para Incorporar Vários Elementos, Ou Para Torná - Lo Homogéneo, Ou Dar-Lhe Corpo E Gordura.

Mergulhe Mais Ou Menos Uma Comida Na Ilha Da Água Fria. A Imersão Permite Rehidratar Produtos Hortícolas Ou Ilhas De Frutas Seladas, Para Facilitar A Cozedura De Produtos Hortícolas Secos. Peixe E Carnes Salgados Com Dessalinização Insular, Produtos Hortícolas Limpos E Lavados, Ou Armazená-Los Momentaneamente

O Turboiner Frio Leva Um Aparelho De Gelo Ou Sorvete Até Ser Solidificado.

V

Mexa Um Creme Ou Molho.

Usando Uma Espátula Para Manter A Sua

Homogeneidade E Frescura

Crie Uma Saliência Ao Redor Do Perímetro.

De Um Abaixador Para Formar Uma Conta, Que

Mantém O Recheio No Lugar Durante A Cozedura

Véu: Cobrir Com Um Véu De Doces E Bolos Gelados

Z

Zester: Citrinos Perfumados Com Casca

Chinese

A
溶解

（利口酒，咖啡，巧克力，

降低：薄出来，传播了很多酥皮糕点或酥皮在地板上。

芳香：搅拌芳香物质

穿上酱汁）

隐藏

表达式:

展开：将面团铺在卷上并压平

切

通过添加黄油和乳化酱汁完成酱汁。

玫瑰等。）到准备

用 immersion 入搅拌机制备。

用于烘烤。

B

外套

（菠菜，青豆）。

烘烤时：加入蛋黄和糖

消除清晰度（卷心菜），或修复颜色并煮一些蔬菜

绑定

=

漂烫：把一个元素煮沸/漂烫法国烫烫或烫伤

漂白剂

块：冻结项目

漂白漂白法国

炒

燃烧：通过火使元素变暗，使它们伤心

书

黄油：把黄油放在面包上，放入准备，用黄油调味

几分钟去除污染和去除血液，固体

去除肉或多余的盐。

肉：放入冷水，然后煮沸

对于蔬菜：浸在沸水中几分钟

用打蛋器或木铲。

要烫，把所有的"和"放在冷水中，直到它沸腾，然后将其排出并 dipped 入冷水中

D
装饰

Degen

倾析

碌荞禄 email:

嵌入

乳化

效仿

去毛刺

去油脂

Gutting

除冰

删除骨头

脱盐

伤害

F
火焰

Flambé

过滤器

油炸

克

装饰
抢已经出现

房子
减半
匀化

可以
清除
一种操作，包括使液体澄清和澄清。
通过融化将黄油从乳清中分离出来的过程
非常缓慢。

澄清：通过过滤或倾析制成透明液体
粉碎
粉碎产品而不寻找特别的细度或微妙。
的规律性
T恤
揉

烹饪烹 cooking 法国烹 cooking

国家

气

曝气将细碎的空气混合到液体或粉末混合物中，例如过筛面粉，打浆或打蛋，或将空气打入蛋糕混合物中

混合，混合，法国混合，合并黄金混合

M
浸渍

菌子：成小方块，草药，洋葱，葱

葱，非常细切

安装

P
Obvalivajut

删除食物中不可食用或不可代表的部分。

鞭子

偷猎

波兰语

弹跳

R
期待着

减少

减少意味着蒸煮未被复盖以减少来自液体的体积

烤

S
酸化：在制剂中添加酸性物质以降低其 ph 值

在油腻的身体中制服食物到温和的热量的行动，

将鸡或游戏绑在四肢上

体，以方便烹 cooking 过程中的处理，并提供了

喷砂

剥离

锋利的剥离

节拍：用力摇动/打败复合元素击败法国打败，尤其是鸡蛋/节拍：编辑材料或烹 preparation 准备改变外观，一致性或颜色

融化

红烧

切

雕刻

美丽的演示文稿。

出汗（制作)

长

钳位

流线型

门

脾气暴躁

波尔卡

淋

Eg

粉碎

Chapter 2 : Premium Ingredients

French

A

Ail

Abricot

Amande

Andouilles

Andouillettes

Aubergine

Anguille

Araignée De Mer

Artichaut

Agneau

Anchois

Asperge

Aubergine

B

Basilic

Bécasse

Baudroie

Blette

Boeuf

Brocolis

Beuure

Banane

Betterave

Boudin

C

Cabri

Chevreau

Céléri

Céréales

Chorizo

Chicorée

Citron

Clémentine

Cocktail

Cornichon

Créson

Crustacés Marins

Canard

Calamar

Caillé De Brebis

Chien De Mer

Cardon

Cerise

Chou

Caviar

Champignons

Chocolat

Crabe

Crème

Carotte

Cébette

Chapon

Châtaigne

Chou-Fleur

Citron

Cèpees

Coquillage

Coquilles Saint Jacques

Cochon

Crevette

Courgette

Colinot

D

Daurade

E

Écrevisee

Endive

Escargot

Espadon

Épinard

F

Farine

Fèves

Foie Gras

Fromages

Févette

Fenouil

Figue

Fraise

G

Gambas

Grives

H

Haricots

Haricots Coco

Herbes

Homard

Huile D'olive

Huitres

J

Jambon Ibérique

Jambons Cuits

Jambons Secs

Jambon Cru

L

Lait

Langouste

Lapin

Lentilles

Langoustine

M

Miel

Mozarella

Morue

Mulet

Moule

Merle

Merlu

Mérou

Melon

Myrtille

N

Nectarines

Noix

O

Oignons

Oeufs De Poule

Olives

Oursins

Orange

P

Palombe

Pageot

Pomelos

Panplemousse

Prunes

Palourde

Pêche

Pigeaon

Pâtes

Piment

Porc

Pois Chiche

Poisson

Perdrix

Petit Pois

Poire

Poivron

Poulet

Pomme De Terre

Pomme

Porc

Poulpe

Potiron

Poutine

Q

R

Radis

Raie

Riz

Rouget

Raisin

Raisins Secs

Rillettes

S

Safran

Salade

Sardine

Saint-Pierre

Saucisses

Saucisson

Sole

Sanglier

Seiche

Semoule

Sucre

Saumon

T

Thon

Tomate

Taureau

Truffe

U

V

Vanille

Veau

Vinaigre

Volailles

W

X

Y

Yaourt

Z

English

A

Almond

Anchovy

Andouilles

Andouillettes

Apricot

Artichoke

Asperger

B
Banana

Basil

Bean

Bean

Beef

Beet

Blackbird

Blue Whiting

Blueberry

Boar

Bream

Broccoli

Bull

C
Cabbage

Cabri

Calf

Cardon

Carrot

Cauliflower

Caviar

Celery

Cepees

Cereal

Céson

Chapon

Chard

Cheese

Cherry

Chestnut

Chicken

Chicken Eggs

Chickpeas

Chicory

Chocolate

Chorizo

Clam

Clementine

Cocktail

Coconut Beans

Cod

Colinot

Cooked Hams

Crab

Crayfish

Cream

Cuttlefish

D

Drink

Dry Hams

Duck

E

Eggplant

Eggplant

Endive

F

Fennel

Fevette

Fig

Fish

Fishing

Flour

Foie Gras

G

Grape

Grapefruit

Grass

Grouper

H

    Hake

    Honey

I

    Iberian Ham

K

    Kale

    Kid

L

    Lamb

    Lemon

    Lemon

    Lens

    Lobster

M

Macaroni

Marine Crustaceans

Melon

Milk

Mold

Mozarella

Mule

Mullet

Mushroom

N

Nectarine

Norway Lobster

Nut

O

Octopus

Of

Olive

Olive Oil

Onion

Orange

Oyster

P

Pageot

Palombe

Panplemousse

Partridge

Pear

Peas

Pepper

Pepper

Pickle

Pig

Pig

Pig

Pigeaon

Plum

Potato

Potato

Poultry

Prawns

Pudding

Pumpkin

Putin

R

Rabbit

Radish

Raisins

Raw Ham

Rice

Rillettes

S

Saffron

Saint-Pierre

Salad

Salami

Salmon

Sardine

Sausage

Scallops

Sea Dog

Sea Spider

Semolina

Sheep's Curd

Shell

Shrimp

Snail

Spinach

Squid

Strawberry

Stripe

Sugar

Sun

Swordfish

T
Tomato

Truffle

Tuna

U
U.S.A.

Urchin

V

Vanilla

Vinegar

Y

Yogurt

You

Z

Zucchini

German

Angeln

Apfel

Aprikose

Artischocke

Aubergine

Aubergine

Austern

B

Banane

Basilikum

Beuure

Birne

Blumenkohl

Blutwurst

Bohnen

Bohnen

Brassen

Brokkoli

C
Cabri

Cardon

Cebette

Chapon

Chicorée

Chili

Chorizo

Clementine

Cocktail

Coco Bohnen

Colinot

Creme

Creson

D

Drosseln

E
- Endivius
- Ente
- Erbsen
- Erdbeere
- Essig

F
- Februar
- Feige
- Fenchel
- Fettleber
- Fisch

Form

G

Gambas

Garnelen

Geflügel

Gekochte Schinken

Getreide

Getrocknete Schinken

Grapefruits

Grieß

Gurke

H

Heidelbeere

Honig

Huhn

Hühnereier

Hummer

Iberischer Schinken

J
Jakobsmuscheln

Joghurt

K
Kabeljau

Kaisergranat

Kalb

Kaninchen

Karotte

Kartoffel

Käse

Kastanie

Kaviar

Kichererbsen

Kirsche

Kohl

Krabbe

Krake

Kräuter

Krebse

Kürbis

L
Lachs

Lamm

Languste

Linsen

M
Mandel

Mangold

Meer Spinne

Meeräsche

Meereskrebse

Mehl

Melone

Merle

Milch

Mozarella

Muschel

Muschel

N

Nektarinen

Nüsse

O
- Oliven
- Olivenöl
- Orange

P
- Pageot
- Panplemousse
- Paprika
- Pasta
- Pflaumen
- Pigeaon

Pilze

Putin

R

Rebhuhn

Reis

Rettich

Rillettes

Rindfleisch

Ringeltaube

Rochen

Roher Schinken

Rosinen

Rote Bete

Rotlauf

S

Safran

Salat

Sardellen

Sardine

Schafquark

Schnecke

Schneebesen

Schokolade

Schwein

Schweinefleisch

Schweinefleisch

Schwertfisch

Seehecht

Seehund

Seeigel

Seeteufel

Sellerie

Sole

Spargel

Spinat

St. Peter

Steinpilze

Stier

T

Thunfisch

Tintenfisch

Tintenfische

Tomaten

Trauben

Trüffel

V

Vanille

W

Wildschwein

Wurst

Würstchen

Z

Zackenbarsch

Zicklein

Zitrone

Zitrone

Zucchini

Zucker

Zwiebeln

Spanish

A
Ajo

Aceite De Oliva

Acelga

Achicoria

Albahaca

Albaricoque

Alcachofa

Alli

Almeja

Almendra

Anchoa

Andouilles

Andouillettes

Anguila

Apio

Arándanos

Araña Del Mar

Arroz

Asperger

Atún

Azafrán

Azucarera

Bacalao

Banano

Bebida

Berenjena

Brócoli

C
Cabri

Calabacines

Calabaza

Calamar

Camarones

Candidiasis

Cangrejo

Cangrejos De Río

Caracol

Cardon

Carne

Castaño

Caviar

Cebolla

Cerdo

Cerdo

Cerdo

Cereales

Cereza

Céson

Chapon

Chocolate

Chorizo

Cigala

Ciruela

Clementina

Coctel

Col

Col Rizada

Coliflor

Colinot

Conejo

Cordero

Corral

Crema

Crérevisee

Crustáceos Marinos

Cuajada De Oveja

Cupis

E
Encurtido

Endive

Ensalada

Erizo

Espinaca

F
Fecha De Lanzamiento

Fresa

Frijol

Frijol

Frijoles De Coco

G

Gambas

Garantía

Garbanzo

Gran Culo

Guisante

H

Hacer

Harina

Hierba

Higo

Hinojo

Huevos De Gallina

J

Jamón Crudo

Jamón Ibérico

Jamones Cocidos

Jamones Secos

L

La Bacaladilla

Langosta

Leche

Lente

Limón

Limón

M

Macarrones

Madera

Mantillo

Más Información

Más Información

Me

Melon

Merluza

Mero

Miel

Mirlo

Molde

Mozarella

Mulo

N

Naranja

Nectarina

Niño

Nuez

O

Oliva

Ostra

P

Pageot

Paloma

Palombe

Panplemousse

Pantorrilla

Pasas

Patata

Patata

Pato

Pera

Perdiz

Perro De Mar

Pesca

Pescado

Pez Espada

Pimienta

Pimienta

Pollo

Pomelo

Pudín

Pulpo

Q
Queso

R
Rábano

Raya

Remolacha

Rillettes

S
Salami

Salchicha

Salmon

Sardina

Sémola

Sepia

Seta

Shell

Sol

T

Tomate

Toro

Trufa

U

Uva

V

Vainilla

Verraco

Vídeo

Vieira

Vinagre

Y

Yogur

Z

Zanahoria

Italian

A
  Aglio

Acciuga

Aceto

Agnello

Albicocca

Anatra

Andouilles

Andouillettes

Anguilla

Aragosta

Arancia

Asperger

B

Bambino

Banana

Barbabietola

Basilico

Beccaccia

Bevanda

Bietola

Broccolo

Budino

C
C'

Cabri

Cagliata Di Pecora

Calamari

Cane Di Mare

Capesante

Carciofo

Cardon

Carota

Castagno

Caviale

Cavolfiori

Cavolo

Cavolo

Ceci

Cefali

Cepee

Cereale

Cernie

Céson

Chapon

Chorizo

Cicoria

Ciliegia

Cinghiale

Cioccolato

Cipolla

Clementine

Cocktail

Cod

Colinot

Coniglio

Crema

Crérevisee

Crostacei Marini

D
Dado

Di

Erba

F
Fagioli Di Cocco

Fagiolo

Fagiolo

Fare

Farina

Fevette

Fico

Finocchietto

Foie Gras

Formaggio

Fragola

Fungo

Gamberi

Gambero

Gambero

Gr

Granchio

H

Il

Indivia

Insalata

Latte

Lente

Limone

Limone

Lumaca

M

Maccherone

Maiale

Mandorle

Manzo

Melanzana

Melone

Melù

Merlo

Mi

Mirtillo

Mozarella

Mulo

N

Nasello

Nettarine

O

Olio D'oliva

Oliva

Orata

Oyster

P

Pageot

Palombe

Panplemousse

Patata

Pepe

Pera

Pernice

Pesca

Pesce

Pescespada

Pigeaone

Pisello

Pollame

Pollo

Polpo

Pomodoro

Pompelmi

Prosciutti Cotti

Prosciutti Secchi

Prosciutto Crudo

Prosciutto Iberico

Prugna

Putin

R

Ragno Marino

Ravanello

Riccio

Rillettes

Riso

S

Saint-Pierre

Salame

Salmone

Salsiccia

Sardina

Scampo

Sedano

Semola

Seppie

Shell

Si

Sole

Sottaceto

Spinaci

Stampo

Striscia

T

Tartufo

Tonno

Tordo

Toro

U

Uova Di Gallina

Uva

Uvetta

V

Vaniglia

Vitello

Vongola

Z

Zafferano

Zucca

Zucchero

Zucchine

Portuguese

A

Alho

Abobora

Abobrinha

Acafrao

Acelga

Acucar

Aipo

Alcachofra

Amêijoa

Ameixa

Amêndoa

Anchova

Andouilles

Andouillettes

Aranha-Do-Mar

Arroz

Asperger

Atum

Ave

Azeite

Azeite

B

Bacalhau

Banana

Batata

Batata

Baunilha

Bebida

Beringela

Beringela

Beterraba

Bezerro

Bico

Brocolos

C

Cabri

Camarao

Camarao

Cão Marinho

Caracol

Caranguejo

Cardon

Carne

Castanha

Caviar

Cebola

Cenoura

Cepees

Cereal

Cereja

Céson

Chapon

Chicoria

Chicoria

Choco

Chocolate

Chourico

Clementina

Coalhada De Ovelha

Cocktail

Coelho

Cogumelo

Colinot

Concha

Cordeiro

Couve

Couve

Creme

Crérevisee

Crianca

Crustáceos Marinhos

Damasco

D

Dourada

E

Enguia

Ervilha

Espadarte

Espinafre

Eu

Eua.

F

Farinha

Fazer

Feijao

Feijao

Feijões De Coco

Fevette

Figo

Foie Gras

Frango

Funcho

G

Garoupa

Grama

H

Iogurte

Javali

L

Lagosta

Lagostim

Lagostim

Laranja

Leite

Lente

Limao

Limao

Listra

Lula

M

Macarrao

Manjericao

Mel

Melao

Melro

Mirtilo

Molde

Morango

Mozarella

Mulo

N

Nectarina

O

Ostra

Ourico

Ovos De Galinha

P

Pageot

Palombe

Panplemousse

Passa

Pato

Peixe

Pêra

Perdiz

Pernas Cozidas

Pernas Secas

Pesca

Pescada

Pigeaon

Pimenta

Pimenta

Polvo

Porco

Porco

Porco

Porco

Presunto Em Bruto

Presunto Ibérico

Pudim

Q

Queijo

R

Rabanete

Repolho

Rillettes

Russo

S

Saint-Pierre

Salada

Salame

Salmao

Salmoura

Salsicha

Sardinha

Sêmola

Sol

T

Tainha

Tomate

Toranja

Tordo

Torneira

Touro

Trufa

U

Uva

V

    Verde

    Vieira

    Vinagre

    Você

Russian

Один

Размещение: Сезон И Повар

Абрикос: Покрытие Поверхности Торта Абрикосами

Б

Бланшировать: Положить Что-Либо На Огонь В Холодную Воду, Пока Оно Не Закипит, Затем Слить Воду И Погрузить В Холодную Воду

Кипячение: Погрузите Пищу В Кипящую Воду, Чтобы Смягчить Мясо (Мясо, Рыбу, Ракообразных)

Жечь

Масло = Жир

Бить: Энергично Встряхивать Элементы Вместе / Бить Бить Францию Взбивать, Особенно Яйца / Бить: Работать С Материалом Или Кулинарным Препаратом, Чтобы Изменить Его Внешний Вид, Консистенцию Или Цвет

Масло: Положить Масло На Хлеб, В Приготовлении, Заправить Сливочным Маслом

Жечь

Бланшировать: Смягчить Элемент, Доведя Его До Кипения / Бланшировать Бланшировать Францию Бланшировать Или Ошпарить

Отбеливать

Для Мяса: Положить В Холодную Воду, А Затем Довести До Кипения

Несколько Минут, Чтобы Удалить Примеси И Удалить Кровь, Твердую

Удалите Излишки Соли.

Для Овощей: Замочите В Кипящей Воде На Несколько Минут Для

Бланшировать, Класть Что-Либо На Огонь В Холодную Воду, Пока Оно Не Закипит, Затем Его Сливают И Погружают В Холодную Воду

Уберите Кислинку (Капусту) Или Исправьте Цвет И Приготовьте Немного Зелени

(Шпинат, Зеленая Фасоль).

В Кондитерском Изделии: Энергично Работать Яичными Желтками И Сахаром До

Используя Деревянный Венчик Или Лопаточку.

Блок: Замораживание Предметов

Braiser: Мод Приготовления Пищи, Который Представляет Собой Комбинацию Жарки И Тушения

Бридер: На Ферменной Конструкции / Ферменной Конструкции Для Птицы И Дичи С Помощью Иглы И Нити

Нанизайте Птицу Или Дичь, Чтобы Держать Конечности Вдоль Тела.

Тело, Чтобы Облегчить Обращение Во Время Приготовления Пищи И Позволить

Хорошая Презентация.

Бульон Вскипятить

Горящая Франция 1. Сжечь 2. Чтобы Подрумянить Или Карамелизировать Бруна Бенор Бруна Бенор

Удар: Работа С Материалом Или Кулинарным Препаратом Для Изменения Его Внешнего Вида, Консистенции Или Цвета

Ожог: Очернить Элементы Огнем И Сделать Их Несоизмеримыми

Кипятить-Нагревать Жидкость На Сильном Огне До Образования Пузырьков И Быстрого Подъема На Поверхность

Коричневый—Быстро Готовить Пищу В Жире На Сильном Огне, Чтобы Поверхность Получилась Ровной Коричневой

.

С

Карамелизировать: Покрыть Карамелью, Надушить Карамелью, Придать Карамельному Цвету

Долото: Надрежьте Поверхность Круглой Рыбы Или Андуйета И Нарежьте Небольшими Кусочками Овощи

Уточните: Сделайте Мутную Материю Жидкой И Прозрачной

Пальто

Компот: Варить Элементы На Слабом Огне Так, Чтобы Они Превратились В Компот

Раздавить

Рубить

Сливки: Положите Свежие Сливки В Препарат, Чтобы Смягчить Его И Сделать Сливочным

Клаутер: Вставлять Гвоздеобразные Кусочки Трюфелей, Бекона В Курицу, Пуларды, Подушки Из Телятины И Сладкие Лепешки.

Зубило

Нарежьте Очень Мелко Мелкими Кубиками Или Мелко Нарежьте Ножом

Зелень, Лук,

Лук-Шалот И Т. Д. Или Сделайте Небольшие Надрезы На Пище, Чтобы

Легкая Стряпня.

Толкотня: Крупно Толченая

Уточнить

Операция Приготовления Жидкости Прозрачной И Прозрачной.

Отделение Сливочного Масла От Молока Путем Его Плавления

Очень Медленно.

Уточните: Сделайте Жидкость Прозрачной Путем Фильтрации Или Отстаивания

Раздавить

Измельчите Продукт, Не Особенно Стремясь К Утонченности, Или

Регулярность Проведения

Кусок.

Франция Мелко Нарезанная Или Измельченная, Как В Измельченных Помидорах; Причастие Прошедшего Времени Дробилки, ' Дробить Или Измельчать'

Chiarificare Италия Для Уточнения

Осветлитель Осветлитель Франция Для Осветления, Например Сливочного Масла, Консумме Для Осветления, Для Осветления, Для Удаления Всех Твердых Веществ И Несмешивающихся Жидкостей Из Жидкости Путем Обсзжиривания, Фильтрации, Улавливания Примесей В Коагулированных Яичных Белках Или Изингласе, Солюбилизации Ферментами И Т. Д. Чтобы Оставить Идеально Прозрачную Жидкость Например Для Бульона Осветляющий Агент Осветляющий Агент

Contiser France Делает Небольшие Надрезы В Пище, В Которые Вставляют Небольшие Кусочки Твердого

Ароматизатора, Например, Чесночные Щепки, Трюфель, Язык И Т. Д. Смотрите Также Пикер

Сливки: Рабочий Жир Отдельно Или С Другим Ингредиентом

Карамелизация; Карамелизация, Чтобы Заставить Сахара Распадаться На Коричневые Ароматизированные Соединения При Нагревании Примерно До 180-185°C. Карамелизация Ответственна За Некоторые Коричневые Цвета, Образующиеся При Выпечке, Жарке, Обжаривании Или Жарке Сахаросодержащих Продуктов.

От

Д

Декантировать

Размораживать

Гасим

Обезвоживать

Растворять

Опреснять

Деталь: Нарежьте Мясо, Поссон Овощей Ломтиками, В От, Кубиками, Кольцами …

Слив* Разборщик; Чтобы Не Сбить С Толку

Обезжирьте, Чтобы Снять Жир С Супов И Т. Д.

Декантировать

Декантировать, Декантировать, Чтобы Аккуратно Слить Прозрачную Жидкость С Верхней Части Смеси Жидких И Тяжелых Частиц, Где Последние Осели На Дно. Обычно Наносят На Вино, Чтобы Отделить Его От Кристаллов Винной Кислоты, Которые Осаждаются При Длительном Выдерживании.

Декуайр

Кости : Кости

Гасим

Дегласер Дегласер Франция 1. Чтобы Гасим 2. Чтобы Разморозить Гасим, Гасим, Чтобы, Чтобы, Чтобы Растворить И Ослабить Свернувшийся Мясной Сок, Который Прилипает К Нижней Части Противне Или Сковороде С Использованием Воды, Бульона Или Вина. Полученный Раствор Или Суспензию Иногда

Уменьшают В Объеме Путем Кипячения И Используют Для Придания Аромата Соусу Или Бульону.

Высохнуть

Костлявый Костлявый, Без Костей

Дессальер Дессальер Франция Для Опреснения Путем Замачивания В Воде

Деталь: Вырезать

Расслабьтесь: Развяжите

Гасим

Растворите В Жидкости Карамелизованные Соки На Дне Посуды

Готовить.

Извергать

Замочите Продукты В Холодной Воде, Чтобы Избавиться От Них

Примеси И Удалить Кровь; Или Посыпать Солью Некоторые Овощи, Чтобы

Удалите Часть Растительной Воды.

Обезжиривать

Обезжирить Обезжирить 1. Во Франции Снимают Жир И Накипь С Верхней Части Кипящей Жидкости, Как При Приготовлении Бульонов И Соусов 2. Чтобы Удалить Жир С Мяса Обезжирить, Обезжирить, Чтобы Удалить Жир С Поверхности Жидкости, Либо Обезжириванием, Декантацией Или Замачиванием Его В Бумагу

Удалите Жир, Который Образуется На Поверхности Кулинарной Жидкости (А

Фондю, Соус И Т. Д.)

Исключите Лишний Жир Из Куска Мяса.

Обезвоживать Францию До Обезвоживания

Франция Без Косточек Косточка Или Косточка Фрукта

Denerver Denerver France Для Удаления Сухожилий, Хрящей, Артерий, Вен И Мембран Из Мяса И Мышц

Dorer, Faire France Слегка Подрумяниться

Костюмер

Гармонично Разложите Посуду По Тарелкам Или Тарелкам Из

Обслуживание.

Deprecate Deprecate France 1. В Совместной 2. Вырезать

Debouiller Debouiller France 1. Чтобы Снять Жир, Накипь И

Похожий С Поверхности Бульон, Суп,

Соус И Тому Подобное 2. Чтобы Снять Кожу С Лица

Год Животных

Комод: Элегантно И Со Вкусом Расставьте Элементы На Блюде

Высохнуть

Комод: Элегантно И Со Вкусом Расставьте Элементы На Блюде

Высохнуть

E

Эбарбер

Удалите, С Помощью Ножниц, Мелкие Волоски Хвоста Человека.

Омар, Омар, Рак И Т. Д. Или Плавники Омара

Рыба.

Эбарбер

Удалите, С Помощью Ножниц, Мелкие Волоски Хвоста Человека.

Омар, Омар, Рак И Т. Д. Или Плавники Омара

Рыба.

Эбарбер Франция 1. Снять Бороду С Моллюска 2. Подрезать

Echauder: Заварить В Кипящей Воде

Устраните, Нити Свернувшегося Яичного Белка На Яйце-Пашот Для Него

Придайте Ему Правильную Форму.

/ Экспресс: Выжать Сок Из Фруктов

Снять

Скимминг Скимминг Испания Для Скимминга

Экумер

Отер Накипь, Которая Появляется На Поверхности Кулинарной Жидкости.

Эбарбер Франция 1. Снять Бороду С Моллюска 2. Подрезать

2чаудер: Заварить В Кипящей Воде

Устраните, Нити Свернувшегося Яичного Белка На Яйце-Пашот Для Него

Придайте Ему Правильную Форму.

/ Экспресс: Выжать Сок Из Фруктов

Снять

Скимминг Скимминг Испания Для Скимминга

Экумер

Отер Накипь, Которая Появляется На Поверхности Кулинарной Жидкости

Etuver

Готовьте Медленно В Закрытой Кастрюле, С Небольшим Количеством Воды.

Эмондер Или Мондер: Избавьте Некоторые Плоды От Их Кожицы После Отбеливания

Emoudre Emoudre Франции Для Измельчения

Ф
Жарить

Прохожий Оставлять Данс Оон Западной Оу Уне Étamine, Залить Ле Filtrer, Оон Бульон, Соус Уне, Уне Крем Отлично, Оон Сироп Оу Уне Желе С Qui Demandent À Быть Очень Городке Лисс : Po.Tr Прохожий Лес Соусы Épaisses, На Лес Кроме Данс Оон Западной Métalliqueбыл À L'помощник Д Кунь Пилон, Залить Éliminer Лес Éventuels Grumeaux. То Есть Терме " Passer • * S'emploie Aussi Au Sens D Egoutter Des Ingrédients Après Lavage Ou Après Cuisson.

Partir (Faire) Commencer La Cuisson D'une Préparation Relativement Longue, En La Faisant Débuter Sur Le Feu Avant De Mettre Le Plat Dans Le Four. On Fait Aussi Partir Sur Le Feu La Cuisson D'un Apprêt Au Bain-Marie (Jusqu'à Ce Que L'eau Begin À Bouillir), Puis On Met Le Tout À Four Doux Pour Entretenir Le Pochage Du Mets.

Пелер : Очистить От Кожуры

Poeler : Для Жарки На Сковороде

Panacher: Смешайте Два Или Более Элемента

Цвет, Вкус Или Форма

Различный

Парер : Подготовить : Выровнять Углы Торта

Парфюмер: Ароматизировать Препарат, Торт, Блюдо

.

Pétrir : Месить

Штабелер: Для Измельчения Миндаля И Орехов

Залить Embellir Отель La Présentation D'снимите Десерт.

Почер : Чтобы Браконьерствовать

Пуссер: Толкать: Говорят, Тесто Стало Объемным Под Действием Дрожжей.

Praliner : Добавить Пралине Для Крема, Приготовление

Абрикос

Агнец

Анчоус

Артишок

Б

Базилик

Баклажан

Баклажан

Банан

Барабулька

Белые Грибы

Бобы

Болван

Брокколи

В

Вальдшнеп

Вареные Окорока

Веснушки

Виноград

Вишня

Вода

Вол

Высота

Г

Гамбас

Голубь

Горох

Грибы

Групер

Груша

Гусиная Печенка

Дж

Добротность

Дрозд

Дрозды

Дыня

Жидкость

Зерновые

Иберийская Ветчина

Икра

Инжир

Инструмент

Каба

Кальмар

Каплун

Капуста

Кардон

Картофель

Каштан

Кефаль

Кишмиш

Клементин

Клубника

Козленок

Козленок

Кокосовые Бобы

Коктейль

Колбаса

Колино

Корпус

Краб

Креветка

Крем

Кресон

Кровяная Колбаса

Кролик

Куриные Яйца

Курица

Куропатка

Лангуста

Лангустин

Лещ

Лимон

Лимон

Лук

Макаронные Изделия

Мед

Меч-Рыба

Миндаль

Мозарелла

Моллюск

Молоко

Морковь

Морская Собака

Морские Ракообразные

Морской Еж

Морской Паук

Морской Черт

Морской Язык

Мука

Нектарины

Нут

Овечий Творог

Оливки

Оливковое Масло

Омар

Оранжевый

Орех

Осьминог

Па

Панплемуссе

Пежо

Перец

Перец Чили

Площадь

Помелья

Прессформа

Путин

Р

Раки

Раковины Святого Иакова

Ракушка

Редис

Рис

Рыба

Рыбная Ловля

Салат

Сардина

Свекла

Свекла

Свинина

Свинина

Свинья

Сельдерей

Скат

Сливы

Соленый Огурец

Солнечник

Сосиски

Сосиски

Спаржа

Сухие Окорока

Сырая Ветчина

Сыры

Только

Травы

Треска

Тыква

Углерод

Угорь

Укроп

Улитка

Устрицы

Утка

Фасоль

Феветта

Фокусное Расстояние

Хек

Цветная Капуста

Цебетт

Цикорий

Цуккини

Черника

Чеснок

Чоризо

Шафран

Шоколад

Шпинат

Эндивий

Яблоко

Chinese

到

大蒜

杏

杏仁

Andouilles

Andouillettes

茄子

鳗鱼

海蜘蛛

朝鲜蓟

羔羊

凤尾鱼

阿斯伯格

茄子

B

罗勒

伍德科克

蓝鳕鱼

甜菜

牛肉

西兰花

喝

香蕉

甜菜

布丁

C

卡布里

孩子

芹菜

麦片

克莱门汀

鸡尾酒

泡菜

塞森

海洋甲壳类动物

鸭

鱿鱼

羊的凝乳

海狗

卡登

樱桃

白菜

鱼子酱

蘑菇

巧克力

蟹

奶油

胡萝卜

羽衣甘蓝

Chapon

栗子

花椰菜

柠檬

Cepees

壳牌

扇贝

猪

虾

西葫芦

Colinot

的

鲷鱼

美国

Endive

蜗牛

箭鱼

菠菜

F

面粉

豆

鹅肝

奶酪

Fevette

茴香

图

草莓

G

虾

鹅口疮

H

豆

椰子豆

草

龙虾

橄榄油

牡蛎

我

伊比利亚火腿

熟火腿

干火腿

生火腿

该

牛奶

小龙虾

兔

镜头

挪威龙虾

M

亲爱的

Mozarella

鳕鱼

骡子

模具

黑鸟

鳕鱼

石斑鱼

甜瓜

蓝莓

做

油桃

坚果

O

洋葱

鸡蛋

橄榄

顽童

橙色

P

Palombe

选美会

柚子

Panplemousse

梅花

蛤蜊

钓鱼

Pigeaon

通心粉

胡椒粉

猪

鹰嘴豆

鱼

鹧鸪

豌豆

梨

胡椒粉

鸡

土豆

土豆

猪

章鱼

南瓜

普京

Q

R

萝卜

条纹

米饭

Mullet

葡萄

葡萄干

Rillettes

S

藏红花

沙拉

沙丁鱼

圣皮埃尔

香肠

意大利腊肠

太阳

野猪

墨鱼

粗面粉

糖

三文鱼

你

金枪鱼

番茄

公牛

松露

U

V

香草

小牛

醋

家禽

W

X

有

酸奶

Z

香肠

菊苣

柠檬

Chapter 3 : Cooking Techniques

French, English, German, Spanish, Italian, Portuguese, Russian And Chinese

Assaisonné

Dressed

Angemacht

Aliñado

Montado

Приправленный

经验丰富的

Au Sirop

In Syrup

In Saft

En Almibar

Allo Sciroppo

Em Xarope

В Сиропе

在糖浆

Cuit

Baked

Gebacken

Cocido En El Horno

Cotto Al Forno

Cozido No Forno

Запеченные В Духовке

在烤箱里烤

Cuit À La Vapeur

Steamed

Gedämpft

Al Vapor

Al Vapore

Cozer

На Пару

蒸

Fumé

Smoked

Geräuchert

Ahumado

Affumicato

Fumado

Копченый

烟熏

.En Sauce

In Sauce

In Sosse

En Salsa

Al Sugo

Em Molho

在酱

В Соусе

En Purée

Mashed

Püriert

Hecho Puré

Schiacciato

Puré

Пюре

捣碎

.Farci

Stuffed

Gefüllt

Relleno

Imbottito

Recheado

Набивной

酿

Frit

Fried

Gebraten

Frito

Fritto

Fritto

Фритто

炸

Frit

Deep Fried

Frittiert

Frito Con Mucho Aceite

Fritto In Olia Abundante

Жареные В Оли Abundante

油炸丰富

Grillé

Grilled

Gegrillt

A La Plancha

Alla Griglia

Grelhado

Жареный

烤

Macéré

Mariné

Marinated

Mariniert

Adobado

Marinato

Marinar

Маринованный

腌制

Poché

Poached

Pochiert

Escalfado

Affogato

Afogar

Утонувший

淹死了

Sauté

Pan Fried

Kurzgerbaten

Frito Con Poco Aceite

Fritto In Padella

Frito Numa Frigideira

Жареные На Сковороде

在煎锅里煎

Séché

Cured

Getrocknet

Curado

Seccato

Seco

Раздраженный

干

जुनिपर बेरीज के साथ एक डिश के लिए अर्देनेस से फ्रांसीसी शैली में

French, English, German, Spanish, Italian, Portuguese, Russian And Chinese

1.Assaisonné

Dressed

Angemacht

Aliňado

Montado

Приправленный

经验丰富的

2.Au Sirop

In Syrup

In Saft

En Almibar

Allo Sciroppo

Em Xarope

В Сиропе

在糖浆

3.Cuit

Baked

Gebacken

Cocido En El Horno

Cotto Al Forno

Cozido No Forno

Запеченные В Духовке

在烤箱里烤

4.Cuit À La Vapeur

Steamed

Gedämpft

Al Vapor

Al Vapore

Cozer

На Пару

蒸

5.Fumé

Smoked

Geräuchert

Ahumado

Affumicato

Fumado

Копченый

烟熏

6.En Sauce

In Sauce

In Sosse

En Salsa

Al Sugo

Em Molho

在酱

В Соусе

7.En Purée

Mashed

Püriert

Hecho Puré

Schiacciato

Puré

Пюре

捣碎

8.Farci

Stuffed

Gefüllt

Relleno

Imbottito

Recheado

Набивной

酿

9.Frit

Fried

Gebraten

Frito

Fritto

Fritto

Фритто

炸

.10.Frit

Deep Fried

Frittiert

Frito Con Mucho Aceite

Fritto In Olia Abundante

Жареные В Оли Abundante

油炸丰富

11. Grillé

Grilled

Gegrillt

A La Plancha

Alla Griglia

Grelhado

Жареный

烤

12. Mariné

Marinated

Mariniert

Adobado

Marinato

Marinar

Маринованный

腌制

13.Poché

Poached

Pochiert

Escalfado

Affogato

Afogar

Утонувший

淹死了

14.Sauté

Pan Fried

Kurzgerbaten

Frito Con Poco Aceite

Fritto In Padella

Frito Numa Frigideira

Жареные На Сковороде

在煎锅里煎

15.Séché

Cured

Getrocknet

Curado

Seccato

Seco

Раздраженный

Chapter 4 : Equipment

English

- Candy Termometer
- Knife
- Pizza Wheel
- Vegetable Peeler
- Baking Sheet
- Tube Pan
- Cake Board
- Cake Pan, Layer Cake Pan
- Decorating Tips
- Loaf Pan

- Rolling Pin
- Siffer
- Spatula
- Springform Pan

Double Boiler

Steaming Basket

Coffee Filter

Funnel

Icecream Scoop

Chinois

Grater

(Ralador)

Mallet

Meat Grinder

Mortar And Pestle

Bamboo Skewers

Corkscrew

Bowl

Mold

Aluminium Foil

Plastic Wrap

Plástic Bags

Waxed Paper

French

Thermomètre À Bonboncouteau

Roue À Pizza

Éplucheur De Légumes

Plaque À Pâtisserie Assadeira)

Tube Pan (Forma De Pudim)

Gâteau Conseil

Moule À Gâteau, Couche Moule À Gâteau (Assadeira Para Bolo Redondo

Conseils De Décoration (Bicos De Confeitar)

Moule À Pain (Forma De Pão)

Rouleau À Pâtisserie (

Siffer

Spatule

Moule À Charnière

Double Chaudière

Panier De Cuisson À La Vapeur

Filtre À Café

Passoire

Entonnoir =

Cuillère À Glace

Chinois

Râpe

Maillet

Hachoir À Viande

Mortier Et Pilon

Brochettes De Bambou

Tire-Bouchon

Bol

Moule (

Papier D"aluminium

Film Plastique

Sacs Plástic

Papier Ciré

Italian

Termometro Per Caramelle

Coltello

Ruota Della Pizza)

Pelapatate

Vaschetta Del Tubo

Bordo Della Torta

Torta Pan, Strato Torta Pan

Suggerimenti Per La Decorazione

Pan Di Pagnotta

Mattarello

Siffer

Spatola

Pan Di Springform

Doppia Caldaia

Cesto Fumante (Cozinhar Senza Vapore)

Filtro Caffè

Setaccio

Imbuto

Cucchiai Di Gelato

Cinesino

Grattugia

Mallet

Smerigliatrice

Mortai E Pestelli

Spiedini Di Bambù

Cavatappi

Ciotola

Stagnola

Involucro Di Plastica

Sacchetti Di Plastica

Carta Cerata

Spanish

Termometro Per Caramelle

Coltello

Ruota Della Pizza)

Pelapatate

Vaschetta Del Tubo

Bordo Della Torta

Torta Pan, Strato Torta Pan

Suggerimenti Per La Decorazione

Pan Di Pagnotta

Mattarello

Siffer

Spatola

Pan Di Springform

Doppia Caldaia

Cesto Fumante (Cozinhar Senza Vapore

Filtro Caffè

Setaccio

Imbuto

Cucchiai Di Gelato

Cinesino

Grattugia

Mallet

Smerigliatrice

Mortai E Pestelli

Spiedini Di Bambù

Cavatappi

Ciotola

Stagnola

Involucro Di Plastica

Sacchetti Di Plastica

Carta Cerata

Portuguese

- Para Medir Calda De Açúcar
- Faca
- Cortador De Pizza
- Assadeira
- Forma De Pudim
- Toalha Rendada Para O Bolo
- Assadeira Para Bolo Redondo, Mas Alta Que A De Pizza
- Bicos De Confeitar
- Forma De Pão
- Rolo De Maacarrão
- Peneira
- Espátula Para Espalhar Cbertura., Por Exemplo
- Forma Desmontável
- Banho Maria
- (Cozinhar No Vapor) Cesta Para Cozinhar No Vapo

, Acomoda-Se Em Panelas De Todos Os Tamanhos

Batedor De Arame

Filtro Para Café

Escorredor De Macarão

Funil

Colher, Boleador Para Sorvete Reamer

Expremedor De Laranjas Manual

Chinois

Expremedor De Batatas

Ralador

Batedor De Carne

Meat Grinder

Moedor De Carne

Pilão

Palitos De Churasco

(Saca-Rolhas

Tigelas

Forma

Papel Alumínio

Filme Plástico

Sacos Plásticos

Papel Manteiga

German

Candy Thermometer (Para Medir Calda De Açúcar)

Messer

Pizza-Rad)

Gemüseschäler

Tube Pan

Kuchen Board

Kuchenform, Schicht Kuchenform

Deko-Tipps

Laib Pfanne

Nudelholz

Siffer

Spachtel

Springform Pan

Doppel-Kessel

Dampfender Korb (Cozinhar Kein Dampf)

Kaffeefilter

Sieb

Trichter

Eislöffel

Chinois

Reibe

Schlägel

Fleischwolf

Mörser Und Stößel

Bambusspieße

Korkenzieher

Schüssel

Aluminiumfolie

Plastikfolie

Plastiktaschen

Wachspapier

Russian

Конфеты Термометр (Para Medir Calda De Açúcar)

Нож

Колесо Пиццы)

Овощечистка

Трубка Pan

Торт Board

Кекса, Слой Кекса

Советы По Украшению

Батон Сковорода

Скалка

Siffer

Шпатель

Springform Pan

Двойной Боилер

Дымящаяся Корзина (Cozinhar Отсутствие Пара)

Кофейный Фильтр

Ситечко

Воронка

Ложка Для Льда

Chinois

Терка

Молоток

Мясорубка

Ступка И Пестик

Бамбуковые Шампуры

Штопор

Миска

Алюминиевая Фольга

Полимерная Пленка

Полиэтиленовые Пакеты

Вощеная Бумага

Chinese

糖果温度计

刀

比萨轮)

蔬菜削皮机

管盘

蛋糕板

蛋糕盘，层蛋糕盘

装饰技巧

面包盘

擀面杖

Siffer

抹刀

弹簧形盘

双锅炉

蒸篮(Cozinhar 没有蒸气
)

咖啡过滤器

筛

漏斗

冰淇淋勺

Chinois

磨碎机

木槌

磨床

迫击炮和杵

竹串

开瓶器

碗

铝箔

保鲜膜

塑料袋

蜡纸

Chapter 5 : French Cooking Expressions For Global Primers

French, English, German, Italian, Spanish, Portuguese, Russian And Chinese

Bretonne, À La

De Style Et Sauce Bretons.

Haricots Blancs À La Bretonne Servis Avec Des Oeufs Ou Du Poisson

In The Brittany Style And Coated In Sauce Bretonne

White Beans À La Bretonne Served With Eggs Or Fish

In Der Bretagne Stil Und Beschichtet In Sauce Bretonne

Weiße Bohnen À La Bretonne Mit Eiern Oder Fisch

In Stile Bretagna E Rivestito In Salsa Bretonne

Fagioli Bianchi À La Bretonne Serviti Con Uova O Pesce

En El Estilo De Bretaña Y Recubierto En Salsa Bretonne

Habas Blancas A La Bretona Servidas Con Huevos O Pescado

No Estilo Bretão E Revestido De Molho Bretonne

Feijão Branco À Bretonne Servido Com Ovos Ou Peixe

В Бретонском Стиле И Покрытый Бретонским Соусом

Белая Фасоль По-Бретонски Подается С Яйцами Или Рыбой

在布列塔尼风格和涂在酱布列托尼

布列托尼白豆配鸡蛋或鱼

Financière, À La

De Style Financier Français Pour Un Plat Composé De Cockscombs, Rognons, Tranches De Truffe, Champignons

France In The Financier's

Syle, I.E. Garnished With Cockscombs,

Kidneys, Slices Of Truffle, Mushrooms

In Der Finanzwelt Stil, D.H. Garniert Mit Cockscombs,Nieren, Trüffelscheiben, Pilze

Nel Finanziere

Stile, Cioè Guarnito Con Cockscombs,

Reni, Fette Di Tartufo, Funghi

En El Financiero

Estilo, Es Decir, Adornado Con Peines,

Riñones, Rodajas De Trufa, Champiñones

No Financiador

Estilo, Ou Seja, Vestido Com Broches,

Rins, Fatias De Trufa, Cogumelos

В Доме Финансиста

Стиль, То Есть Украшенный Петушиными Рогами,

Почки, Ломтики Трюфеля, Грибы

在金融家的

风格,即点缀 cockscombs,

肾脏,松露片,蘑菇

La Chablisienne, À La

In French Style With Chablis White Wine Sauce

De Style Français Avec Une Sauce Au Vin Blanc Chablis

Französischer Stil Mit Chablis Weißweinsauce

Stile Francese Con Salsa Di Vino Bianco Chablis

Estilo Francés Con Salsa De Vino Blanco Chablis

Estilo Francês Com Molho De Vinho Branco Chabli

Французский Стиль С Соусом Из Белого Вина Шабли

法式风格与夏布利白葡萄酒酱

Châtelaine, À La

De Style Français Avec Une Base De Ceur D'artichauts,

D'oignons Et De Châtaignes Agrémentée D'une Sauce Onctueuse

In French Style, Garnished With Artichoke Hearts, Chestnuts And

Onions And Served With A Creamy Sauce

Im Französischen Stil, Garniert Mit Artischocken Herzen, Kastanien Und

Zwiebeln Und Serviert Mit Einer Cremigen Sauce

In Stile Francese, Guarnito Con Cuori Di Carciofo, Castagne E

Cipolle E Servito Con Una Salsa Cremosa

En Estilo Francés, Adornado Con Corazones De Alcachofa, Castañas Y

Cebollas Y Servido Con Una Salsa Cremosa

Во Французском Стиле, Украшенном Артишоковые Сердечки, Каштаны И

Лук И Подается Со Сливочным Соусом

在法国风格，装饰着 朝鲜蓟心，栗子和 洋葱和奶油酱服务

Chilienne, À La

De Style Français, D'inspiration Chilienne Avec Du Riz Et Des Poivrons Rouges

In The Chilean Style,

I.E. With Rice And Red Peppers

Im Französischen Stil, Chilenisch Inspiriert Mit Reis Und Roten Paprika

Stile Francese, Cileno Ispirato Con Riso E Peperoni Rossi

Estilo Francés, Inspirado En Chile Con Arroz Y Pimientos Rojos

Estilo Francês, Chileno Inspirado Com Arroz E Pimentos Vermelhos

法国风格，智利的灵感来自大米和红辣椒

Paysanne, À La

D'origine Française Dans Le Style Paysan, C'est-À-Dire Un Plat Simple Contenant

Des Oignons, Des Carottes Et Du Bacon

In The French Peasant Style,

I.E. A Simple Dish Containing Onions, Carrots And Bacon

Im Französischen Bauernstil,

D. H. Ein Einfaches Gericht Mit Zwiebeln, Karotten Und Speck

Nello Stile Contadino Francese,

Cioè Un Piatto Semplice Contenente Cipolle, Carote E Pancetta

En El Estilo Campesino Francés,

Es Decir, Un Plato Simple Que Contiene Cebollas, Zanahorias Y Tocino

No Estilo Camponês Francês,

Ou Seja, Um Simples Prato Com Cebola, Cenouras E Bacon

Во Французском Крестьянском Стиле,

То Есть Простое Блюдо, Содержащее Лук, Морковь

И Бекон

在法国农民风格，

即一个包含洋葱，胡萝卜的简单菜肴

还有培根

Carmarguaise, À La

D'origine Française, De La Camargue, Se Dit Pour Un Plat Composé De Tomates, D'ail, D'oranges Pelées, D'olives, D'herbes , De Vin Ou De Branday

In The French Carmargue

Style, For A Dish Cooked With Tomatoes, Garlic,

Orange Peel, Olives, Herbs And Wine Or

Brandy

In Der Französischen Carmargue

Stil, Für Ein Gericht Mit Tomaten, Knoblauch Gekocht,

Orangenschale, Oliven, Kräuter Und Wein Oder

Brandy

Nel Carmargue Francese

Stile, Per Un Piatto Cucinato Con Pomodori, Aglio,

Buccia D'arancia, Olive, Erbe E Vino O

Brandy

En La Carmargue Francesa

Estilo, Para Un Plato Cocinado Con Tomates, Ajo,

Cáscara De Naranja, Aceitunas, Hierbas Y Vino O

Brandy

In Der Französischen Carmargue

Stil, Für Ein Gericht Mit Tomaten, Knoblauch Gekocht,

Orangenschale, Oliven, Kräuter Und Wein Oder

Brandy

No Carmargue Francês

Estilo, Para Um Prato Cozido Com Tomates, Alho,

Cascas De Laranja, Azeitonas, Plantas Aromáticas E Vinhos Ou

Brandy

Во Французском Камарг

Стиль, Для Блюда, Приготовленного С Помидорами, Чесноком,

Апельсиновая Цедра, Оливки, Травы И Вино Или

Бренди

在法国卡马格

风格，用西红柿，大蒜烹制的菜肴，

橙皮，橄榄，草药和葡萄酒或

白兰地

A L'africaine : In African Style

Cancalaise, À La In The French Cancale

D'origine Bretonne, Un Plat À La Cancalaise Se Compose D'une Sauce Au Vin Blanc Et Aux Fruits De Mer (Moules, Crevettes Et Huîtres)

Style From Brittany (Bretagne) For A Dish With A Fish Sauce Made

From White Wine And Seafoods Containing Mussels, Prawns And

Oysters

Nel Cancale Francese Stile Dalla Bretagna (Bretagne) Per Un Piatto Con Una Salsa Di Pesce Fatta

Da Vino Bianco E Frutti Di Mare Contenenti Cozze, Gamberi E

Oyster

En El Cancale Francés

Estilo De Bretaña (Bretaña) Para Un Plato Con Una Salsa De Pescado Hecha

De Vino Blanco Y Mariscos Que Contengan Mejillones, Gambas Y

Ost

Em Francês Cancale

Estilo Da Bretanha (Bretagne) Para Um Prato Com Molho De Peixe Feito

De Vinho Branco E De Frutos Do Mar, Contendo Mexilhões, Camarão E

Ostra

Во Французском Городе Канкаль

Стиль Из Бретани (Bretagne) Для Блюда С Рыбным Соусом Сделан

Из Белого Вина И Морепродуктов, Содержащих Мидии, Креветки И

Устрицы

在法国坎卡尔

来自布列塔尼（布列塔尼）的风格，用鱼酱制成的菜肴

从白葡萄酒和海鲜含有 mus 贝，虾和

牡蛎

Canotière, À La

De Style Canotier Français, Un Plat À La Canotière Se Compose D'une Sauce Au Vin Blanc Et Aux Fruits De Mer (Moules, Crevettes Et Huîtres)

In The French Boatman's Style,

A Dish À La Canotière Contains A Freshwater Fish Cooked With Shallots,

Mushrooms And White Wine

Im Stil Des Französischen Bootsmannes,

Ein Gericht À La Canotière Enthält Einen Süßwasserfisch Mit Schalotten Gekocht,

Pilze Und Weißwein

Nello Stile Del Barcaiolo Francese,

Un Piatto À La Canotière Contiene Un Pesce D'acqua Dolce Cucinato Con Scalogni,

Funghi E Vino Bianco

Al Estilo Del Barquero Francés,

Un Plato A La Canotière Contiene Un Pescado De Agua Dulce Cocinado Con Chalotes,

Champiñones Y Vino Blanco

No Estilo Do Barqueiro Francês,

Um Prato À La Canotière Contém Um Peixe De Água Doce Cozido Com Chalotas.,

Cogumelos E Vinho Branco

В Стиле Французского Лодочника,

Блюдо А-Ля Канотьер Содержит Пресноводную Рыбу, Приготовленную С Луком-Шалотом,

Грибы И Белое Вино

在法国船夫的风格,

一道菜 à La Canotière 包含用青葱煮熟的淡水鱼

蘑菇和白葡萄酒

À L'alsacienne

De Style Alsacien, Pour Un Plat Composé D'éléments Braisés De Choucroute

In The French Alsace Style, For A Dish Garnished With Small Tartlet Cases Filled With Braised Sauerkraut

Im Französischen Elsass-Stil, Für Ein Gericht Garniert Mit Kleinen Törtchen Fällen Gefüllt Mit Geschmortes Sauerkraut

En El Estilo Francés De Alsacia, Para Un Plato Adornado Con Pequeñas Cajas De Tartaleta Llenas De Chucrut Estofado

Nello Stile Francese Dell'alsazia, Per Un Piatto Guarnito Con Piccoli Casi Tartlet Riempito Con Crauti Brasati

No Estilo Francês Da Alsácia, Para Um Prato Envernizados Com Pequenas Malhas Cheias De Chucrute Grelhado

В Стиле Французского Эльзаса, Для Блюда Украшенные Маленькими Тарталетками Футляры Наполнены

Тушеная Квашеная Капуста

在法国阿尔萨斯风格，为一道菜点缀着小馅饼的情况下，充满了红烧酸菜

Berrichonne, À La

Pour Un Plat Français Qui Se Compose De Choux Bacon Et Oignons

For A French Dish Garnished With

Cabbage, Bacon, Onions

Berrichonne, À La Für Ein Französisches Gericht Garniert Mit

Kohl, Speck, Zwiebeln

Berrichonne, À La Per Un Piatto Francese Guarnito Con

Cavolo, Pancetta, Cipolle

Berrichonne, À La Para Un Plato Francés Aderezado Con

Col, Tocino, Cebolla

Беришонь, Меню Для Французского Блюда С Гарниром

Капуста, Бекон, Лук

Berrichonne, 点菜的法国菜点缀着

白菜，培根，洋葱

À La Bigarade

A La Bigarade Se Dit Pour Un Plat Français À Base D'oranges De Sevilles

À La France Served With Orange Or

An Orange-Based Sauce Using Seville Oranges

If Available/ A La Bigarade Se Dice Para Un Plato Francés A Base De Naranjas De Sevilla

A La Bigarade Si Dice Per Un Piatto Francese A Base Di Arance Di Siviglia

A La Bigarade Heißt Es Für Ein Französisches Gericht Mit Orangen Aus Sevilla

A La Bigarade Se Dice Para Un Plato Francés A Base De Naranjas De Sevilla

A La Bigarade É Dito Para Um Prato Francês Baseado Em Laranjas De Sevilha

А Бигарад Говорит За Французское Блюдо Из Апельсинов Севильи

Bigarade, Sauce Bigarade, Sauce France Sauce Made From

The Cooking Liquor Or Deglazed Pan Residues

Of Duck With Seville Orange, If Available, And

Lemon Juice And Finished With A Julienne Of Blanched Lemon And Orange Zest. Also Called Orange Sauce

Anglaise, Sauce À L' Anglaise, Sauce À L'

Type De Crème Aux Oeufs D'origine Française

Frankreich Eierpudding Soße

Crema Pasticcera All'uovo Di Francia

Salsa

Francia Flan De Huevo Salsa

Франция Яичный Заварной Крем

Соус

França Ovos-Aves

Molho

法国蛋奶

酱

Frankreich Eierpudding

Autrichienne, À L' Autrichienne

De Style Autrichien, Pour Un Plat Qui Comprend Une Crème Aigre, Du Paprika, Des Oignons Et Du Fenouil

À L' In The Austrian Style, For A Dish That Includes Soured Cream, Paprika, Onions And

Fennel

Im Österreichischen Stil, Für Ein Gericht

Dazu Gehören Sauerrahm, Paprika, Zwiebeln Und

Fenchelsamen

En El Estilo Austriaco, Para Un Plato Que Incluye Crema Agria, Pimentón, Cebolla Y

Hinojo

In Stile Austriaco, Per Un Piatto Che Include Panna Acida, Paprika, Cipolle E

Finocchietto

No Estilo Austríaco, Para Um Prato Isto Inclui Natas Azedadas, Paprika, Cebolas E

Funcho

В Австрийском Стиле, Для Блюда Это Включает В Себя Кислые Сливки, Паприку, Лук И Укроп

在奥地利风格，为一道菜 这包括酸奶油，辣椒，洋葱和 茴香

Basquaise, À La Basquaise, À La

De Style Basque , Un Plat À La Basquaise Designe Un Plat Composé De Jambon, Tomates Et Poivrons Rouges

In The French Basque Manner, For A Dish Made Of Ham, Tomatoes And Red

Peppers

Nel Basco Francese

Modo, Per Un Piatto A Base Di Prosciutto, Pomodori E Rosso

Pepe

En El Vasco Francés

Manera, Para Un Plato Hecho De Jamón, Tomate Y Rojo

Pimienta

No Basco Francês

Modo, Para Um Prato Feito De Fiambre, Tomate E Vermelho

Pimenta

Во Французском Баскском Языке

Манера, Для Блюда Из Ветчины, Помидоров И Красного Вина

Перцы

在法国巴斯克地区

方式，用于火腿，西红柿和红色的菜辣椒

Ardennaise, À L' Ardennaise, À L'

Dans Le Style Français Des Ardennes Pour Un Plat Avec Des Baies De Genièvre

In The French Style From The Ardennes For A Dish With Juniper Berries

In Stile Francese Dalle Ardenne Per Un Piatto Con Bacche Di Ginepro

En El Estilo Francés De Las Ardenas Para Un Plato Con Bayas De Enebro

Во Французском Стиле Из Арденн Для Блюда С Ягодами Можжевельника

在法国风格的阿登

对于杜松浆果的菜

A La Flamande

A La Française

A L'irlandaise

.À L'italienne

À La Normande

La Paysanne

À La Polonaise

À La Provençale

.À La Toulouse

Diable (À La) Se Dit De Certaines Pièces De Viande, Volaille, De Poisson, De Crustacés, Etc.. Assaisonnées, Recouvertes De Moutarde, Panées, Grillées , Servies Avec Une Sauce Piquante

Flattened, Grilled And Served With Sauce Diable

France Strongly Flavoured With A Selection Of Worcestershire And Tabasco

Sauces, Mustard, Cayenne Pepper And Vinegar

Si Dice Di Alcuni Pezzi Di Carne, Pollame, Pesce, Crostacei, Ecc.. Condito, Coperto Di Senape, Impanato, Alla Griglia, Servito Con Salsa Piccante

Se Dice De Ciertos Trozos De Carne, Aves De Corral, Pescado, Crustáceos, Etc.. Condimentado, Cubierto Con Mostaza, Empanado, A La Parrilla, Servido Con Salsa Picante

Говорит О Некоторых Кусках Мяса, Птицы, Рыбы, Ракообразных И Т.. Приправленные, Покрытые Горчицей, Панированные, Жареные, Подаваемые С Острым Соусом

据说某些肉类，家禽，鱼，甲壳类动物等。.调味，复盖着芥末，面包屑，烤，配上辣酱

Diz-Se De Certos Pedaços De Carne, Aves, Peixes, Crustáceos, Etc.. Temperado, Coberto De Mostarda, Pães, Grelhados, Servido Com Molho Picante

Diane (À La) Se Dit D'apprêts Comprenant Essentiellement Du Gibier Qui Sont Recouverts De La Sauce Diane (Poivrade Avec Crème Fouettée Et Truffes)

It Is Said Of Primers Consisting Mainly Of Game That Are Covered With Diane Sauce (Pepper With Whipped Cream And Truffles)

Es Handelt Sich Um Grundierungen, Die Hauptsächlich Aus Wild Bestehen, Die Mit Diane-Sauce (Pfeffer Mit Schlagsahne Und Trüffeln) Überzogen Sind)

Si Dice Di Primer Costituiti Principalmente Da Gioco Che Sono Coperti Con Salsa Diane (Pepe Con Panna Montata E Tartufi)

Se Dice De Cebadores Que Consisten Principalmente En Caza Que Están Cubiertos Con Salsa Diane (Pimienta Con Crema Batida Y Trufas)

Говорит О Грунтовках, Состоящих В Основном Из Дичи, Которые Покрыты Соусом Диана (Pepprade Со Взбитыми Сливками И Трюфелями)

据说引物主要由游戏复盖着黛安酱（辣椒奶油和松露）

Diz-Se Que Os Primers Consistem Principalmente Em Jogos Que São Cobertos Com Molho Diane (Pimenta Com Chantilly E Trufas)

Dieppoise (À La) Se Dit D'un Apprêt De Poisson Qui Doit Son Nom Au Célèbre Port De Dieppe

It Is Said Of A Fish Primer That Owes Its Name To The Famous Port Of Dieppe

Eine Fischgrundierung, Die Dem Berühmten Hafen Von Dieppe Ihren Namen Verdan

Si Dice Di Un Primer Di Pesce Che Deve Il Suo Nome Al Famoso Porto Di Dieppe

Se Dice De Una Cartilla De Pescado Que Debe Su Nombre Al Famoso Puerto De

Diz-Se De Um Peixe Primeiro Que Deve O Seu Nome Ao Famoso Porto De Dieppe

Говорит О Рыбном Грунтовке, Которая Обязана Своим Названием Знаменитому Порту Дьепп

据说是一种鱼底漆，它的名字来自着名的迪耶普港

Diplomate (À La) Se Dit D'apprêts Qui Expriment Le Raffinement

For Dishes That Express Refinement

Es Wird Von Primern Gesprochen, Die Verfeinerung Ausdrücken

Diz-Se De Primeras Que Expressam Refinamento

Si Dice Di Primer Che Esprimono Raffinatezza

- Спросил Он, Выражая Изысканность

据说表达细化的引物。

Duchesse, (A La)Pour Un Apprêt Accompagné De Pommes Duchesse

For A Dish With Apples Duchess

Für Eine Grundierung Begleitet Von Äpfeln Herzogin

Per Un Primer Con Mele Duchessa

Para Una Imprimación Con Manzanas Duquesa

Для Грунтовки, Сопровождаемой Яблоками Герцогини

对于 primer 果公爵夫人底漆

Écossaise (Â L') Pour Potage D'origine Écossaise

For A Soup Of Scottish Origin

Für Eine Suppe Aus Schottland

Para Sopa De Origen Escocés

Per Zuppa Di Origine Scozzese

Для Шотландского Происхождения Суп

对于苏格兰血统的汤

Égyptienne (Â L") Se Dit De Différents Apprêts Où Sont Ensemble Ou Séparément, Le Riz. L'aubergine Et La Tomate.

For Various Dishes Containing, Together Or Separately, Rice. Eggplant And Tomato.

Es Werden Verschiedene Grundierungen Genannt, Auf Denen Der Reis, Die Aubergine Und Die Tomate Zusammen Oder Getrennt Aufgeführt Ist.

Se Dice De Varios Cebadores Que Contienen, Juntos O Por Separado, Arroz. Berenjena Y Tomate.

Si Dice Di Diversi Primer Che Contengono, Insieme O Separatamente, Riso. Melanzane E Pomodor

É Dito De Vários Primers Que Contêm, Juntos Ou Separadamente, Arroz. Beringela E Tomate.

Говорят О Нескольких Праймерах, Которые Содержат, Вместе Или По Отдельности, Рис. Баклажаны И Помидоры.

据说几种引物一起或单独含有大米。 茄子和番茄。

Espagnole (À L') Pour Divers Apprêt S Tirés De La Cuisine Espagnole , Le Plus Souvent Frits À L'huile, Composé De Tomate, Poivron, Oignon Et D'ail..

For Various Primers Made From Spanish Cuisine, Most Often Fried In Oil, Consisting Of Tomato, Bell Pepper, Onion And Garlic..

For Various Primers Made From Spanish Cuisine, Most Often Fried In Oil, Consisting Of Tomato, Bell Pepper, Onion And Garlic..

Für Verschiedene Grundierungen Aus Der Spanischen Küche , Meist In Öl Gebraten, Bestehend Aus Tomaten, Paprika, Zwiebeln Und Knoblauch..

Per Vari Primer A Base Di Cucina Spagnola, Il Più Delle Volte Fritti In Olio, Costituiti Da Pomodoro, Peperone, Cipolla E Aglio..

Para Varios Cebadores Hechos De La Cocina Española, La Mayoría De Las Veces Fritos En Aceite, Que Consiste En Tomate, Pimiento, Cebolla Y Ajo..

Para Vários Primers Feitos A Partir Da Cozinha Espanhola, Na Maioria Das Vezes Fritos Em Óleo, Consistindo De Tomate, Pimenta, Cebola E Alho..

Для Различных Грунтовок S, Взятых Из Испанской Кухни, Чаще Всего Жарят В Масле, Состоящем Из Помидоров, Сладкого Перца, Лука И Чеснока..

对于由西班牙美食制成的各种引物,最常用油炸,由番茄、甜椒、洋葱和大蒜组成。

Florentine (À La) Apprêts De Poisson, De Viande Blanche Ou D'oeufs, Avec Épinards (E N Purée Et Sauce Mornay .

Fish, White Meat Or Egg Dishes, With Spinach And Mornay Sauce

Fisch, Weißes Fleisch Oder Eierspeisen, Mit Spinat Und Mornaysauce .

Pesce, Carne Bianca O Piatti A Base Di Uova, Con Spinaci E Salsa Di Mornay .

Platos De Pescado, Carne Blanca O Huevo, Con Espinacas Y Salsa Mornay

Peixe, Carne Branca Ou Pratos De Ovos, Com Espinafres E Molho Mornay .

Блюда Из Рыбы, Белого Мяса Или Яиц, Со Шпинатом И Соусом Морней

鱼，白肉或鸡蛋菜肴，菠菜和海鲜酱。

Hollandais E (À La) Oeufs Et Poissons Pochés, Artichauts, Asperges Accompagnés D'une Sauce Hollandaise

Poached Eggs And Fish, Artichokes, Asparagus With A Dutch Sauce

Pochierte Eier Und Fisch, Artischocken, Spargel Mit Sauce Hollandaise

Olandese E (À La) Uova In Camicia E Pesce, Carciofi, Asparagi Con Salsa Olandese

Huevos Y Pescados Escalfados Holandeses, Alcachofas, Espárragos Con Salsa Holandesa

Ovos E Peixe Escalfados, Alcachofras, Espargos Com Molho Holandês

Голландский Е (А) Яйца И Рыба-Пашот, Артишоки, Спаржа В Сопровождении Голландского Соуса

荷兰 e(À La)荷包蛋和鱼、朝鲜蓟、芦笋与荷兰酱

Impérial E (À L') Expression Qui Fait Référence À Des Mets De Haute Cuisine

Expression That Refers To Haute Cuisine

Ausdruck, Der Sich Auf Gerichte Der Haute Cuisine Bezieht

Espressione Che Si Riferisce All'alta Cucina

Expresión Que Se Refiere A La Alta Cocina

Expressão Que Se Refere À Haute Cuisine

Выражение, Которое Относится К Блюдам Высокой Кухни

表达是指高级美食

Marinière (À La) Se Dit De Poissons, De Moules, Et Fruits De Mer Revenus Au Vin Blanc, Avec Des Oignons Ou Des Échalotes, Ensuite Lié Au Beurre Manié

Mariniere (La) Is Said To Be Fish, Mussels, And Seafood Returned To White Wine, With Onions Or Shallots, Then Linked To Maniated Butter

(Das) Sagt Sich Von Fischen, Muscheln, Meeresfrüchte Gekocht In Weißwein Mit Zwiebeln Oder Schalotten Und Butter

Se Dice De Pescado, Mejillones Y Mariscos Devueltos Al Vino Blanco, Con Cebollas O Chalotes, Luego Vinculados A La Mantequilla Maniated

Si Dice Di Pesce, Cozze E Frutti Di Mare Restituiti Al Vino Bianco, Con Cipolle O Scalogni, Poi Legati Al Burro Maniato

Рыба, Мидии И Морепродукты, Полученные В Белом Вине, С Луком Или Луком-Шалотом, А Затем Связаны С Маслом

据说鱼，贻贝和海鲜回到白葡萄酒，洋葱或青葱，然后连接到疯狂的黄油

Lorraine (À La)

For Braised Meat In Red Wine

Se Dit D'un Plat Pour De La Viande Braisée Dans Du Vin Rouge

Für Geschmortes Fleisch In Rotwein

Per Brasato Di Carne Nel Vino Rosso

Para Carne Estofada En Vino Tinto

Para Carne Cozida Em Vinho Tinto

红酒炖肉

Для Тушеного Мяса В Красном Вине

For A Preparation Consisting Of Bayonne Ham, Goose Fat And Porcini Mushrooms

Es Handelt Sich Um Eine Zubereitung Aus Bayonne Schinken, Gänsefett Und Steinpilzen

Se Dice Para Una Preparación Que Consiste En Jamón De Bayona, Grasa De Ganso Y Hongos Porcini.

Si Dice Per Una Preparazione Composta Da Prosciutto Bayonne, Grasso D'oca E Funghi Porcini.

Говорит Для Подготовки, Состоящей Из Байоннской Ветчины, Гусиного Жира И Белых Грибов.

据说是由巴约讷火腿，鹅脂肪和牛肝菌组成的制剂。

Ménagère (À La] For

Pour Des Plats De La Cuisine Bourgeoise

Cuisine Bourgeoise 'S Dishes

Pour Des Plats De La Cuisine Bourgeoise

Speisen Aus Der Cuisine Bourgeoise

Los Platos De La Cuisine Bourgeoise

Piatti Della Cucina Borghese

Буржуазная Кухня ' S Блюда

资产阶级美食的菜肴

Mentonnaise (A La) Se Dit De Divers Apprêts Inspirés De La Cuisine Méridionale.

Cuisine Méridionale 'S Dishes

Pour Des Plats De La Cuisine Méridionale

Speisen Aus Der Cuisine Méridionale

Los Platos De La Cuisine Méridionale

南方美食的菜肴

Южная Кухня ' S Блюда

.Mexicaine (À La) Se Dit De Grosses Pièces De Viandes Fourrés De Champignons Grillés Avec Tomates Concassées, Poivrons Et Demi-Aubergines

For Large Pieces Of Meat Filled With Toasted Mushrooms With Crushed Tomatoes, Peppers And Half Eggplants

Große Fleischstücke Mit Gegrillten Champignons Mit Zerdrückten Tomaten, Paprika Und Halben Auberginen

Si Dice Grandi Pezzi Di Carne Ripieni Di Funghi Tostati Con Pomodori Schiacciati, Peperoni E Mezzo Melanzane

Se Dice Grandes Trozos De Carne Rellenos De Champiñones Tostados Con Tomates Triturados, Pimientos Y Medias Berenjenas

Diz-Se Que Pedaços Grandes De Carne Cheios De Cogumelos Torrados Com Tomates Esmagados, Pimentos E Meia Beringela

Говорит Себе Большие Куски Мяса, Фаршированные Жареными Грибами С Измельченными Помидорами, Перцем И Половиной Баклажанов

据说大块肉充满烤蘑菇碎西红柿，辣椒和半茄子

Meunière (À La) Se Dit D'un Mode De Cuisson Applicable Pour Poissons Farinés Et Poêlés Au Beurre..

Describes A Cooking Mode For Fish Floured And Fried In Butter..

Es Wird Gesagt, Eine Art Des Kochens Für Bemehlte Und In Butter Gebratene Fische..

Si Dice Di Una Modalità Di Cottura Per Il Pesce Infarinato E Fritto Nel Burro..

Se Dice De Un Modo De Cocción Para Pescado Enharinado Y Frito En Mantequilla..

Diz-Se De Um Modo De Cozinhar Para Peixe Fludido E Frito Em Manteiga..

Говорит О Способе Приготовления Рыбы, Запеченной В Муке И Обжаренной На Сливочном Масле..

据说是一种烹 cooking 方式的鱼面粉和油炸的黄油

Milanaise (À La) Pour Des Escalopes De Veau Panées Cuites Au Beurre

Milanese (La) For Breaded Veal Cutlets Cooked With Butter

Mailänder (In) Für Paniertes Kalbsschnitzel In Butter Gekocht

Milanese (La) Per Cotolette Di Vitello Impanate Cotte Con Burro

Milanese (La) Para Chuletas De Ternera Empanadas Cocidas Con Mantequilla

Milanese (La) Para Costeletas De Vitela Dourada Cozidas Com Manteig

Миланская (Ля) Для Панированных Телячьих Котлет, Запеченных В Масле

用黄油煮熟的面包小牛肉片米兰（La）

Normande (A La) Pour Divers Apprêts Agrémentés De Beurre, Crème Fraîche, Fruits De Mer, Pommes, Cidre Et Calvados

For Various Primers With Butter, Cream, Seafood, Apples, Cider And Calvados

Für Verschiedene Grundierungen Mit Butter, Crème Fraîche, Meeresfrüchten, Äpfeln, Apfelwein Und Calvados

Para Varios Cebadores Con Mantequilla, Crema, Mariscos, Manzanas, Sidra Y Calvados

Per Vari Primer Con Burro, Panna, Frutti Di Mare, Mele, Sidro E Calvados

Para Vários Primers Com Manteiga, Nata, Marisco, Maçãs, Sidra E Calvados

Для Различных Грунтовок С Маслом, Сметаной, Морепродуктами, Яблоками, Сидром И Кальвадосом

用于各种引物与黄油，奶油，海鲜，苹果，苹果酒和 cal 果白兰地

Printanière (À La)

Pour Des Apprêts Composés D'un Mélange De Légumes

For Dishes Composed Of A Vegetable Mixture

Für Gerichte, Die Aus Einer Gemüsemischung Bestehen

Para Imprimaciones Compuestas De Una Mezcla Vegetal

Per Primer Composti Da Una Miscela Vegetale

Para Primários Compostos Por Uma Mistura Vegetal

Для Грунтовки Смеси Овощей

对于由蔬菜混合物组成的引物

Tourangelle (À La) Pour De Grosses Pièces D'agneau Ou De Mouton Rôties, Servies Avec Leur Jus Accompagnées De Haricots Verts Et De Flageolets Au Beurre

. For Large Pieces Of Roasted Lamb Or Mutton, Served With Their Juice Accompanied By Green Beans And Butter Flageolets

Für Große Stücke Von Gebratenem Lamm Oder Hammelfleisch, Serviert Mit Ihrem Saft, Begleitet Von Grünen Bohnen Und Butterflageolets

Para Grandes Trozos De Cordero Asado O Cordero, Servido Con Su Jugo Acompañado De Judías Verdes Y Flagelos De Mantequilla

Per Grandi Pezzi Di Agnello O Montone Arrostito, Serviti Con Il Loro Succo Accompagnato Da Fagiolini E Flageolets Di Burro

Para Grandes Pedaços De Cordeiro Assado Ou De Carneiro, Servidos Com O Suco Acompanhado De Feijão Verde E De Beterrabas Butter Flageolets

Для Больших Кусков Жареной Баранины Или Баранины, Подаваемой С Их Соком Вместе С Зеленой Фасолью И Масляными Флагеолетами

对于大块烤羊肉或羊肉，配上果汁配上青豆和黄油鞭子

Viennoise (À La) Pour Une Tranche De De Veau Ou De Bœuf Panée Et Cuite Au Saindoux, Garnie D'une Rondelle De Citron El Accompagnée D'une Salade Verte Ou De Pommes De Terre

For A Slice Of Veal Or Beef Breaded And Cooked With Lard, Topped With A Slice Of Lemon El With A Green Salad Or Potatoes

Für Eine Scheibe Kalbfleisch Oder Rindfleisch, Paniert Und Mit Schmalz Gekocht, Garniert Mit Einer Scheibe Zitrone El, Begleitet Von Einem Grünen Salat Oder Kartoffeln

Per Una Fetta Di Vitello O Manzo Impanata E Cotta Con Strutto, Condita Con Una Fetta Di Limone El Con Un'insalata Verde O Patate

Para Una Rebanada De Ternera O Carne Empanada Y Cocinada Con Manteca De Cerdo, Cubierta Con Una Rodaja De Limón El Con Una Ensalada Verde O Patatas

Para Uma Fatia De Vitela Ou De Carne Dourada E Cozida Com Banha, Coberta Com Uma Fatia De Limão El Com Salada Verde Ou Batatas

Для Ломтика Телятины Или Говядины, Панированной И Запеченной С Салом,

Увенчанной Лимонной Шайбой El С Зеленым Салатом Или Картофелем

对于小牛肉或牛肉面包屑和猪油煮熟的切片,用柠檬 el 与绿色沙拉或土豆片淋上

Yorkaise (À La) Plat D' Oeufs Au Jambon De York

Egg Dish With York Ham

Eiergericht Mit York S

Plato De Huevo Con Jamón York

Piatto Di Uova Con Prosciutto Di York

Prato De Ovos Com Presunto De York

Яичное Блюдо С Йоркской Ветчиной

鸡蛋菜与约克火腿

Chapter 6- French Wine Terms

French

Abricotine
Liqueur D'abricot De Suisse

L'aligoté

L'aligoté Est Bien - Connu Comme Le "Troisième" Cépage De Bourgogne

Appellation (D'origine) Contrôlée
Ac Indique L'étiquette Du Vin Français De Qualité.

Beaune

Fa

Mous Cher Rouge Bourgogne

Bergerac

Son Vin Rouge Venant Du Sud-Ouest De La France.

Blanc De Blancs

Vin Blanc À Partir De Raisins Blancs Seul

Désigne Les Vins Blancs Et Les Champagnes Fabriqués Uniquement À Partir De Raisins Blancs Et De Chardonnay.

Bouchonné

Bouchées

Brut

Vins Très Secs Applicables Aux Meilleurs Vins Mousseux.

Le Raisin Cultivé Le Plus Noble Au Monde Est Originaire De La Région De Bordeaux En France

Grotte

Cave.

Vin

Cépage

Cépage

Champagne

Célèbre Vin Mousseux Français

Chardonnay

Le Plus Célèbre Raisin De Vin Blanc Mondial

Château (X)

Grande Région Viticole Française

Châteaneuf-Du-Pape

Célèbre Pour Les Vins Rouges Du Rhône Puissants Et Corsés.

Ses Vins Rouges Puissants Et Corsés

La Côte

Montre Vignoble Sur Une Colline

Crémant
Vin Mousseux Célèbre

Cru
Site De Culture Supérieur Ou Vignoble De France

Cuvée
Réservoir De Vin

Demi-Sec
Un Vin Doux Moyen

Digestif
Boisson Alcoolisée Apprécié Après Un Repas De Remplissage

Domaine
Vignoble De Bourgogne Qui Fabrique Et Met En Bouteilles Du Vin À Partir De Ses Propres Raisins.

Eau-De-Vie
Un Brandy De Fruits

Fleurie
Célèbre Cru Beaujolais

Grand Marnier

Orange Aromatisé À La Liqueur

Hermitage

Vins Rouges Prestigieux Et Divers Haut De Gamme Du Rhône

Juliénas

Célèbre Vin Du Beaujolais.

Kir

Est Un Cocktail Français Avec De La Liqueur De Cassis Et Du Vin Blanc

Liqueur

Est-Ce Que Les Spiritueux Sucrés Avec Diverses Saveurs

Meursault

Splendide Vin Blanc Considéré Comme L'un Des Plus Beaux Vins Blancs De Bourgogne

Montrachet

Probablement Le Plus Beau Vignoble De Chardonnay Du Monde Montrachtet-Est Le Joyau De La Couronne Des Très Beaux Vins Blancs De Bourgogne.

Moulin-À-Vent
Le Vin Spécial Le Plus Concentré Et Tannique Du Beaujolais

Muscadet
Très Célèbre Vin Blanc Sec De Loire Frais Et Léger.

Muscat
Vin Blanc Sec Très Aromatique

Nouveau
Le Vin Nouveau

Pastis

Est Un Alcool Aromatisé À L'anis Et Apéritif De Marseille

Pétillant
Vin Naturellement Effervescent
Vin
Pineau
Vin De Liqueur Célèbre Servi Comme Un
Apéritif En France

Pouilly-Fuissé
Prestigieux Vin Blanc Sec De Bourgogne (Macon),

Pouilly-Fumé
Vin Blanc De Loire Très Sec Et Fin

Porto
Le Porto Est Un Vin Rouge Ou Rubis Servi À L'apéritif En France

Primeur
Aussi Appelé Wins-Futures Est Un Bon Vin Millésimé

Rose

Le Rosé Est Un Vin Rose Obtenu En Mélangeant Du Vin Rouge Et Du Vin Blanc

.

Sauvignon

Raisin Blanc De Bonne Réputation

Sec

Vin Très Doux Malgré Le Fait Qu'il Est Appelé Sec

Sirop

Sirop

English

Abricotine

Apricot Liqueur From Switzerland

Aligoté

Aligoté Is Wel- Know As The "Third" Grape Variety Of Burgundy

Appellation (D'origine) Contrôllée
Ac Indicates The Label Of Quality French **Wine**.

Beaune
Famous Expensive Red Burgundy

Bergerac
Sound Red Wine Coming From The South-West France.

Blanc De Blancs
White Wine From White Grapes Alone
Designates White Wines And Champagnes Made Only From White And Chardonnay Grapes.

Bouchonné
Corked

Brut

Very Dry Wines Applicable To The Best Sparkling Wines.

Cave
Cellar

Cépage
Grape Variety

Champagne
Well-Famous French Sparkling Wine
Chardonnay
Most Famous Global White-Wine Grape

Château(X)
Major French Wine Region

Châteaneuf-Du-Pape
Famous For Full-Bodied Powerful Rhône Red Wines.

Côte

Shows Vineyard On A Hillside

Crémant
Famous Sparkling Wine

Cru
Superior Growing Site Or Vineyard From France

Cuvée
Tank Of Wine

Demi-Sec
A Medium Sweet Wine

Digestif
Alcoholic Drink Enjoyed After A Filling Meal

Domaine
Vineyard In Burgundy That Makes And Bottles **Wine** From Its Own Grapes.

Eau-De-Vie

A Fruit Brandy

Fleurie

Famous Cru Beaujolais **Wine**

Grand Marnier

Orange-Flavoured Liqueur

Hermitage

Prestigious And Various Premium Rhône Red Wines

Juliénas

Famous Beaujolais Wine.

Kir

Is French Cocktail With Blackcurrant Liqueur And White Wine

Liqueur

Is Sweetened Spirits With Various Flavors

Meursault

Splendid White Wine Considered
As Ione Of The Finest White Wines In Burgundy

Montrachet
Probably The World's Finest Chardonnay Vineyard Montrachtet– Is The Jewel In The Crown O F The Very Fine White Burgundy **Wines**.

Moulin-À-Vent
The Most Concentrated And Tannic Special Wine Made In Beaujolais

Muscadet
Very Famous Fresh Light Dry Loire White Wine.

Muscat
Dry White Wine Very Aromatic

Nouveau
New Wine

Pastis

Is An Anise-Flavoured Spirit And Apéritif From Marseille

Pétillant
Naturally Effervescent Wine

Pineau
Famous Liquor Wine Served As An Aperitif In France

Pouilly-Fuissé
Prestigious Dry White Wine From Burgundy (Macon),

Pouilly-Fumé
Very Dry Fine Loire White Wine

Porto
Port Wine Is A Red Or Ruby Wine Served As An Aperitif In France

Primeur

Also Called Wins-Futures Is A Fine Vintage Wine

Rosé

Rosé Is A Pink Wine Obtained By Mixing Red And White Wine

.

Sauvignon

Reputable White Grape

Sec

Very Sweet Wine Despite The Fact It Is Called Dry

Sirop

Syrup

Abricotine
Aprikosenlikör Aus Der Schweiz

Aligoté

Aligoté Ist Die "Dritte" Rebsorte Des Burgunders

Appellation (D ' Origine) Contrôllée
Ac Gibt Das Etikett Des Französischen Qualitätsweins An.

Beaune
Berühmter Teurer Roter Burgunder

Bergerac
Klingt Nach Rotwein Aus Südwestfrankreich.

Blanc De Blancs

Weißwein Allein Aus Weißen Trauben Bezeichnet Weißweine Und Champagner Nur Aus Weißen Und Chardonnay-Trauben.

Bouchonné
Verkorkt

Brut
Sehr Trockene Weine Für Die Besten Schaumweine.

Die Edelste Angebaute Traube Der Welt Stammt Aus Der Region Bordeaux In Frankreich

Höhle
Keller.
Wein
Cépage
Rebsorte

Champagner
Berühmter Französischer Sekt

Chardonnay
Berühmteste Globale Weißweintraube

Château(X)
Große Französische Weinregion

Châteaneuf-Du-Pape
Berühmt Für Kräftige, Kräftige Rhone-Rotweine.
Seine Vollmundigen, Kräftigen Rotweine

Côte
Zeigt Weinberg Auf Einem Hügel

Crémant
Berühmter Sekt

Cru
Überlegene Anbaugebiet Oder Weinberg Aus Frankreich

Cuvée
Tank-Wein
Demi-Sec

Ein Mittlerer Süßer Wein

Digestif
Alkoholisches Getränk Nach Einer Füllung Mahlzeit Genossen

Domaine
Weinberg In Burgund, Der Wein Aus Seinen Eigenen Trauben Herstellt Und Flaschen.

Eau-De-Vie
Ein Obstbrand

Fleurie
Berühmte Cru-Beaujolais

Grand Marnier
Likör Mit Orangengeschmack

Einsiedlerei
Renommierte Und Verschiedene Premium Rhône Rotweine

Juliénas
Berühmte Beaujolais Wein.

Kir

Ist Französischer Cocktail Mit Johannisbeerlikör Und Weißwein

Likör

Ist Gesüßte Spirituosen, Mit Verschiedenen Aromen

Meursault

Herrliche Weiße Wein Als Ione Der Besten Weißweine In Burgund

Montrachet

Wahrscheinlich Der Weltbeste Chardonnay-Weinberg Montrachtet-Ist Das Juwel In Der Krone Der Sehr Feinen Weißburgunder-Weine.

Moulin-À-Vent

Der Konzentrierteste Und Tanninhaltige Spezialwein Aus Beaujolais

Muscadet

Sehr Berühmter Frischer Leichter Trockener Loire-Weißwein.

Maskat
Trockener Weißwein Sehr Aromatisch

Jugendstil
Neuer Wein

Pastis

Ist Ein Anisgeschmack Und Apéritif Aus Marseille

Pétillant
Natürlich Sprudelnder Wein
Wein
Pineau
Den Bekannten Likör Wein Diente Als Aperitif In Frankreich

Pouilly-Fuissé
Prestigeträchtiger Trockener Weißwein Aus Burgund (Macon),

Pouilly-Fumé
Sehr Trockener, Feiner Loire-Weißwein

Porto
Portwein Ist Ein Rot - Oder Rubinwein, Der In Frankreich Als Aperitif Serviert Wird

Primeur
Auch Genannt Wins-Futures Ist Ein Feiner Jahrgang Wein

Rose
Rosé Ist Ein Rosa Wein, Der Durch Mischen Von Rot-Und Weißwein Gewonnen Wird

.

Sauvignon
Seriöse Weiße Traube

S

Sehr Süßer Wein, Obwohl Er Trocken Genannt Wird

Sirop

Sirup

Spanish

Abricotine
Licor De Albaricoque De Suiza

Aligoté

Aligoté Es Bien Conocida Como La "Tercera" Variedad De Uva De Borgoña

Denominación (D'origine) Contrôllée
Ac Indica La Etiqueta Del Vino Francés De Calidad.

Beaune
Famoso Caro Rojo Borgoña

Bergerac

Sonido Vino Tinto Procedente Del Suroeste De Francia.

Blanc De Blancs
Vino Blanco De Uvas Blancas Solo
Designa Vinos Blancos Y Champagnes Elaborados Únicamente Con Uvas Blancas Y Chardonnay.

Bouchonné
Corcho

Brutal
Vinos Muy Secos Aplicables A Los Mejores Vinos Espumosos.

La Uva Cultivada Más Noble Del Mundo Se Originó En La Región De Burdeos De Francia

Cueva
Bodega.
Vino
Cépage

Variedad De Uva

Champaña
Bien Famoso Vino Espumoso Francés

Chardonnay
Más Famoso Global Uva De Vino Blanco

Castillo(X)
Gran Región Vinícola Francesa

Châteaneuf-Du-Pape
Famoso Por Sus Potentes Vinos Tintos Del Ródano.
Su Cuerpo, Vinos Tintos Potentes

Côte
Muestra Viñedo En Una Ladera

Crémant
Famoso Vino Espumoso

Cru

Sitio De Cultivo Superior O Viñedo De Francia

Cuvée

Tanque De Vino

Demi-Sec

Un Vino Dulce Medio

Digestivo

Bebida Alcohólica Disfrutada Después De Una Comida De Relleno

Nosotros

Viñedo En Borgoña Que Hace Y Embotella El Vino De Sus Propias Uvas.

Eau De Vie

Un Brandy De Frutas

Fleurie

Famoso Vino Cru Beaujolais

Gran Marnier

Licor Con Sabor A Naranja

Hermitage

Prestigiosos Y Diversos Vinos Tintos Premium Del Ródano

Juliénas

Famoso Vino Beaujolais.

Kir

Es Cóctel Francés Con Licor De Grosella Negra Y Vino Blanco

Licor

Está Endulzado Espíritus Con Varios Sabores

Meursault

Espléndido Vino Blanco Considerado Como Uno De Los Mejores Vinos Blancos De Borgoña

Montrachet

Probablemente El Mejor Viñedo De Chardonnay Del Mundo, Montrachtet, Es La Joya De La Corona De Los Muy Finos Vinos Blancos De Borgoña.

Moulin-À-Vent

El Vino Especial Más Concentrado Y Tánico Elaborado En Beaujolais

Muscadet

Muy Famoso Vino Blanco Fresco Ligero Seco Del Loira.

Moscatel

Vino Blanco Seco Muy Aromático

Nouveau

Vino Nuevo

Pastis

Es Un Espíritu Con Sabor A Anís Y Apéritif De Marsella

Pétillant

Vino Naturalmente Efervescente

Vino

Pineau

Vino De Licor Famoso Servido Como Un Aperitivo En Francia

Pouilly-Fuissé
Prestigioso Vino Blanco Seco De Borgoña (Macon),

Pouilly-Fumé
Muy Seco Fino Vino Blanco Del Loira

Porto
El Vino De Oporto Es Un Vino Tinto O Rubí Servido Como Aperitivo En Francia

Primero
También Llamado Wins-Futures Es Un Buen Vino De Cosecha

Rosa
Rosé Es Un Vino Rosado Obtenido Mezclando Vino Tinto Y Blanco.

Sauvignon

Uva Blanca De Buena Reputación

Segundo

Vino Muy Dulce

Italian

Abricotina
Liquore All'albicocca Dalla Svizzera

Aligoté

Aligoté È Conosciuto Come Il" Terzo " Vitigno Della Borgogna

Denominazione (D'origine) Contrôllée
Ac Indica L'etichetta Del Vino Francese Di Qualità.

Beaune
Famoso Costoso Rosso Bordeaux

Bergerac

Suono Vino Rosso Proveniente Dal Sud-Ovest Della Francia.

Blanc De Blancs
Vino Bianco Da Uve Bianche Da Solo
Designa Vini Bianchi E Champagne Ottenuti Solo Da Uve Bianche E Chardonnay.

Bouchonné
Tappati

Brut
Vini Molto Secchi Applicabili Ai Migliori Vini Spumanti.

L'uva Coltivata Più Nobile Del Mondo Ha Avuto Origine Nella Regione Di Bordeaux In Francia

Grotta
Cantina.
Vino
Cépage
Varietà Di Uva

Champagne
Famoso Spumante Francese

Chardonnay
La Più Famosa Uva Da Vino Bianco Globale

Château (X)
Grande Regione Vinicola Francese

Châteaneuf-Du-Pape
Famoso Per I Potenti Vini Rossi Rodano Corposi.
I Suoi Vini Rossi Corposi E Potenti

Costa
Mostra Vigneto Su Una Collina

Crémant
Famoso Spumante

Cru
Sito Di Coltivazione Superiore O Vigneto Dalla Francia

Cuvée
Serbatoio Di Vino

Demi-Sec
Un Vino Dolce Medio

Digestif
Bevanda Alcolica Gustata Dopo Un Pasto Di Riempimento

Domaine
Vigneto In Borgogna Che Produce E Imbottiglia Vino Dalle Proprie Uve.

Eau-De-Vie
Un Brandy Di Frutta

Fleurie
Famoso Vino Cru Beaujolais

Grand Marnier
Liquore All'arancia

Hermitage
Vini Rossi Pregiati E Vari Premium Rhône

Juliénas

Famoso Vino Beaujolais.

Kir

È Cocktail Francese Con Liquore Di Ribes Nero E Vino Bianco

Liquore

È Dolcificato Spiriti Con Vari Sapori

Meursault

Splendido Vino Bianco Considerato Uno Dei Migliori Vini Bianchi Della Borgogna

Montrachet

Probabilmente Più Bella Del Mondo Chardonnay Vineyard Montrachtet - È Il Gioiello Della Corona D I Finissimi Vini Bianchi Borgogna.

Moulin-À-Vent

Il Vino Speciale Più Concentrato E Tannico Prodotto A Beaujolais

Muscadet

Molto Famoso Luce Fresca Secco Loire Vino Bianco.

Muscat

Vino Bianco Secco Molto Aromatico

Nouveau

Vino Nuovo

Pastis

È Uno Spirito Aromatizzato All'anice E Un Aperitivo Di Marsiglia

Pétillant

Vino Naturalmente Effervescente

Vino

Pineau

Famoso Vino Liquore Servito Come Un Aperitivo In Francia

Pouilly-Fuissé

Prestigioso Vino Bianco Secco Di Borgogna (Macon),

Pouilly-Fumé
Vino Bianco Della Loira Fine Molto Secco

Porto
Port Wine È Un Vino Rosso O Rubino Servito Come Aperitivo In Francia

Primeur
Chiamato Anche Wins-Futures È Un Buon Vino D'annata

Rose
Il Rosé È Un Vino Rosa Ottenuto Mescolando Vino Rosso E Bianco
.

Sauvignon
Uva Bianca Rispettabile

Sec

Vino Molto Dolce Nonostante Sia Chiamato Secc

Portuguese

Abricotina
Licor De Alperce Da Suíça

Aligoté

A "Terceira" Variedade De Uva De Borgonha

Appellation (D'origine) Contrôllée
Ac Indica O Rótulo Do Vinho Francês De Qualidade.

Beaune
Famoso Burgundy Vermelho Caro

Bergerac
Som Vinho Tinto Vindo Do Sudoeste De França.

Blanc De Blancs

Vinho Branco Apenas A Partir De Uvas Brancas

Designa Vinhos Brancos E Champanhes Feitos Apenas De Uvas Brancas E Chardonnay.

Bouchonné

Com Rolha

Brut

Vinhos Muito Secos Aplicáveis Aos Melhores Vinhos Espumantes.

A Uva Cultivada Mais Nobre Do Mundo É Originária Da Região Francesa De Bordeaux.

Caverna

Adega.

Vinho

Cépage

Casta

Champanhe
Vinho Espumante Francês Famoso

Chardonnay
Mais Famosa Uva De Vinho Branco Global

Château (X))
Grande Região Vinícola Francesa

Châteaneuf-Du-Pape
Famoso Pelos Vinhos Tintos Ródano Encorpados.
Os Seus Vinhos Tintos Encorpados E Potentes

Cote
Mostra Vineyard Em Uma Encosta

Crémant
Vinho Espumante Famoso

Cru
Sítio De Cultura Superior Ou Vinha De França

Cuvée
Garrafa De Vinho
Demi-Sec
Um Vinho Doce Médio

Digestif
Bebida Alcoólica Apreciada Após Uma Refeição De Enchimento

Dominio
Vinha Na Borgonha Que Faz E Engarrafa Vinho De Suas Próprias Uvas.

Eau-De-Vie
Um Conhaque De Fruta
Fleuriecity In Ontario Canada
Famoso Vinho Cru Beaujolais
Grand Marnier
Licor De Sabor Laranja

Ermida
Prestigiados E Diversos Vinhos Tintos Ródano Premium

Julienas

Famoso Vinho Beaujolais.

Kir

É Um Cocktail Francês Com Licor De Groselha Preta E Vinho Branco

Licor

Is Sweetened Spirits With Various Flavors

Meursault

Vinho Branco Esplêndido Considerado Como Um Dos Melhores Vinhos Brancos Da Borgonha

Montrachet

Provavelmente O Melhor Chardonnay Vineyard Montrachtet Do Mundo-É A Jóia Da Coroa Dos Vinhos Muito Finos Da Borgonha Branca.

Moulin-À-Vent

O Vinho Especial Mais Concentrado E Tânico Feito Em Beaujolais

Muscadet
Muito Famoso Vinho Branco Do Loire Fresco E Seco.

Moscatel
Vinho Branco Seco Muito Aromático

Nova
Mosto

Pastis

É Um Espírito Com Sabor A Anis E Aperitivo De Marselha

Pétillant
Vinho Naturalmente Efervescente
Vinho
Pineau
Famoso Vinho Licor Servido Como Um Aperitif Em França

Pouilly-Fuissé
Prestigioso Vinho Branco Seco Da Borgonha (Macon),

Pouilly-Fumé
Vinho Branco Do Loire Muito Seco

Porto
Vinho Do Porto É Um Vinho Tinto Ou Rubi Servido Como Aperitivo Na França.

Primeur
Também Chamado Wins-Futures É Um Bom Vinho Vintage

Rosa
Rosé É Um Vinho Rosado Obtido Por Mistura De Vinho Tinto E Branco

.

Sauvignon
Uvas Brancas Respeitáveis

Sec

Muito Vinho Doce, Apesar Do Fato

Russian

Абрикотин

Абрикосовый Ликер Из Швейцарии

Алиготе

Алиготе Хорошо Известен Как "Третий" Сорт Винограда Бургундии

Аппеласьон (D'origine) Contrôllée

Ас Указывает На Этикетку Качественного Французского Вина.

Бон

Знаменитая Дорогая Красная Бургундия

Бержерак

Крепкое Красное Вино, Идущее С Юго-Запада Франции.

Блан Де Блан

Белое Вино Только Из Белого Винограда

Обозначает Белые Вина И Шампанское, Изготовленные Только Из Белого Винограда И Винограда Сорта Шардоне.

Бушоне

Закупоренный

Брют

Очень Сухие Вина Применимы К Лучшим Игристым Винам.

Самый Широко Выращиваемый Благородный Виноград В Мире Возник В Бордоском Регионе Франции

Пещера

Подвал.

Вино

Cépage

Виноград Сорта

Шампанское

Известное Французское Игристое Вино

Шардоне

Самый Известный Мировой Белый Виноград

Шато(Х)

Крупный Французский Винодельческий Регион

Шатонеф-Дю-Пап

Славится Полнотелыми Мощными Красными Винами Роны.

Его Полнотелые, Мощные Красные Вина

Загон

Показывает Виноградник На Склоне Холма

Креман

Знаменитое Игристое Вино

Кру

Превосходный Участок Выращивания Или Виноградник Из Франции

Кюве

Резервуар С Вином

Деми-Сек

Среднее Сладкое Вино

Дижестив

Алкогольный Напиток, Которым Наслаждаются После Сытной Трапезы

Domaine

Виноградник В Бургундии, Который Производит И Разливает Вино Из Собственного Винограда.

Eau-De-Vie

Фруктовый Бренди

Флери

Знаменитое Вино Крю Божоле

Гранд Марнье

Ликер Со Вкусом Апельсина

Эрмитаж

Престижные И Разнообразные Премиальные Красные Вина Роны

Жюльена

Знаменитое Вино Божоле.

Кир

Это Французский Коктейль С Ликером Из Черной Смородины И Белым Вином

Ликер

Это Подслащенные Спиртные Напитки С Различными Ароматами

Мерсо

Великолепное Белое Вино Считается Одним Из Лучших Белых Вин В Бургундии

Монраше

Вероятно, Лучший В Мире Виноградник Шардоне Монрахте-Это Жемчужина В Короне Очень Тонких Белых Бургундских Вин.

Мулен-А-Вент

Самое Концентрированное И Танинное Специальное Вино Произведенное В Божоле

Мюскаде

Очень Известное Свежее Легкое Сухое Луарское Белое Вино.

Мускат

Белое Сухое Вино Очень Ароматное

Модерн

Новое Вино

Пастис

Это Ароматизированный Анисом Спирт И Аперитив Из Марселя

Pétillant
Естественно Шипучее Вино
Вино
Пино
Знаменитый Ликер Вино Служило В Качестве
Аперитив Во Франции

Пуйи-Фюиссе
Престижное Белое Сухое Вино Из Бургундии (Макон),

Пуйи-Фюме
Очень Сухое Прекрасное Луарское Белое Вино

Порто
Портвейн-Красное Или Рубиновое Вино, Подаваемое В Качестве Аперитива Во Франции

Пример

Также Называется Wins-Futures-Это Прекрасное Марочное Вино

Роза

Розовое Вино-Это Розовое Вино, Получаемое Путем Смешивани

Chinese

Abricotine

杏利口酒从瑞士

Aligoté

Aligoté 是勃艮第的第三个葡萄品种

法定产区

Ac 表示优质法国葡萄酒的标签。

博纳

着名昂贵的红勃艮第

Bergerac

来自法国西南部的声音红酒。

Blanc De Blancs

仅从白葡萄白葡萄酒

指只用白葡萄和霞多丽葡萄酿造的白葡萄酒和香槟。

Bouchonné
软木塞

Brut
非常干的葡萄酒适用于最好的起泡葡萄酒。

世界上最广泛的高贵种植葡萄起源于法国波尔多地区

洞穴
地窖
红酒

Cépage
葡萄品种

香槟
着名的法国起泡酒
霞多丽

全球最着名的白葡萄酒葡萄

城堡(X)
法国主要葡萄酒产区

教皇新堡
以浓郁的罗纳红葡萄酒而闻名。
其浓郁，强大的红葡萄酒

科特迪瓦
显示在山坡上的葡萄园

Crémant
着名的起泡酒

Cru
来自法国的优越种植地点或葡萄园

Cuvée
酒罐

半秒
中等甜度的葡萄酒

Digestif
灌装餐后享用酒精饮料

Domaine
勃艮第的葡萄园，用自己的葡萄酿造和瓶装葡萄酒。

生命之水
水果白兰地
芙蓉
着名的特级博若莱葡萄酒
Grand Marnier
橙味利口酒

冬宫
久负盛名的各种优质罗纳红葡萄酒

Juliénas
着名的博若莱葡萄酒。

Kir

是法国鸡尾酒与黑醋栗利口酒和白葡萄酒

利口酒
是各种口味的甜酒

Meursault
灿烂的白葡萄酒被认为是勃艮第最好的白葡萄酒之一

Montrachet
可能是世界上最好的霞多丽葡萄园蒙特拉赫特-是皇冠上的明珠华氏度非常精细的白勃艮第葡萄酒。

红磨坊
在博若莱酿造的最浓缩和单宁的特殊葡萄酒

Muscadet
非常有名的新鲜轻干卢瓦尔河白葡萄酒。

马斯喀特

干白葡萄酒非常芳香

Nouveau

新酒

Pastis

是来自马赛的茴香味烈酒和开胃酒

Pétillant

天然泡腾葡萄酒

红酒

皮诺

着名的白酒酒担任

开胃酒*法国

Pouilly-Fuissé

来自勃艮第（梅肯）的着名干白葡萄酒),

Pouilly-Fumé
非常干细卢瓦尔河白葡萄酒

波尔图
波特葡萄酒是一种红色或红宝石葡萄酒，在法国担任开胃酒

期酒
也被称为 wins-Futures 是一款优质的年份葡萄酒

桃红
桃红葡萄酒是通过混合红葡萄酒和白葡萄酒获得的粉红葡萄酒

.

长相思
信誉良好的白葡萄

秒
非常甜的葡萄酒，尽管它被称为干

Sirop

糖浆

Chapter 6 : The Pastry Terms

French

A

Abaissage , Terme Français Qui Désigne Le Roulement D'une Pâte À Tarte

Ambassadeur Gâteau : Biscuit Imbibé De Grand Marnier, D'une Crème Pâtissière Aux Fruits Confis Recouvert D'une Pâte D'amande

B

Baba Au Rhum

Gâteaux Riches Levure Levée Parsemés De Fruits Secs Comme Des Raisins Secs Ou Des Groseilles Et Trempés Dans Du Rhum Chaud Ou Du Sirop De Kirch

Biscuit De Savoie Est Un Gâteau Éponge Français Très Très Léger.

Brioche ('Bree-Ohshh) Un Pain Léger, Tendre Et Classique À La Levure Française Enrichi De Beurre Et D'œufs

Belle Hélène Une Glace Française Classique Dessert De Poires Pochées Avec Une Sauce Chaude Au Chocolat

Bûche De Noël
Le Gâteau De Noël Français Est-Il Aromatisé À La Génoise, Rempli De Crème Au Beurre Et En Forme De Bûche

C

Calisson

Le Calisson Est Une Confiserie Typique De Provence À Base De Pâte De Melon Confit D'apt, D'amandes De Provence Et De Sucre Et

Clafoutis

C'est Un Rustique Français Tarte Qui Est Quelque Part Entre Un Gâteau Et Un Flan

De La Crème Anglaise

La Crème Anglaise Est Une Sauce Classique À La Vanille Française..

Crème Au Beurre Au : Français Crème Au Beurre

Crème Bourdaloue (Krehm Boor-Dah - ' Lou) Une Crème Française Classique Aromatisée Au Kirsch, Faite Avec Un Mélange Cuit D'œufs, De Jaunes, De Sucre Et De Fécule De Maïs Utilisée Comme Garniture Dans Les Tartes Et Les Pâtisseries.

Crème Brûlée Dessert Crème Anglaise Classique Avec Gousse De Vanille Et Sucre Caramélisé,

Crème Chantilly Crème Fouettée

Crème Diplomat Est Une Combinaison De Crème Pâtissière Classique Et De Crème Fouettée

Crème Renversée
Est Une Crème Caramel

Crêpe Le Terme Français Pour Crêpe, Se Référant À Un Papier Mince, Crêpe Sans Levain Utilisé Pour Faire Des Garnitures Sucrées Et Salées

Croissant Est Un Classique De La Pâtisserie Française Se Référant À Une Pâte Riche Et Beurrée En Forme De Croissant, Avec Une Croûte Dorée Croustillante Et Floconneuse Et Un Intérieur Doux, Semi-Creux.

F

Financier Un Délicat Gâteau Éponge À Base De Blancs D'œufs, Beurre Noisette Et Amandes Moulues.

Frangipane (Fruhn-Juh - ' Pahn) Une Garniture Aux Amandes Pour Pâtisserie.

G

Galette Des Rois: Le Gâteau De L'épiphanie

Génoise Un Gâteau Éponge Français

Gâteau Saint-Honoré Est Un Gâteau Classique Français Rempli De Crème Chiboust, Composé D'un Feuilleté De Base Avec Des Cercles Concentriques De Pâte À Choux Canalisations Sur Le Dessus De La Pâte

Gaufre Est Un Waffl E .

I

Île Flottante Composée De Meringues Pochées Dans Une Mare De Crème Sucrée.

M

Madeleine Est Un Gâteau Éponge Français En Forme De Coquille

Meringue

Est Un Type De Dessert À Base De Blancs D'œufs Fouettés Et De Sucre

P

P Âte À Glacer Un Glaçage Au Chocolat Fabriqué Commercialement Importé De France Et Disponible Auprès De Fournisseurs Spécialisés. Il Vient En Blanc Ou Le Chocolat Noir, Et Donne Un Brillant, Aspect Brillant, Avec Une Texture Lisse

Pâte Brisée Le Terme Français Pour "Pâte Cassée", Se Référant À Un Pâte Feuilletée.

P Â Te Sablée Le Terme Français Pour "Pâte De Sable", Se Référant À Un Pâte Douce, Riche Et Friable Faite Par La Méthode De Crémage.

P Â Te Sucre É E ('Paht Sue - ' Kray) Le Terme Français Faisant Référence À Un Pâte Courte Douce, Riche Et Croustillante Faite Par La Méthode De Crémage .

P Â Te À Glacer Paht Ah Glah-Say) Bien Connu Sous Le Nom De Glaçage Au Chocolat .

P-Te Ferment É E Un Pré-Ferment Qui Est Pris À Partir D'une Pièce

P Â Te Sabl É E Terme Français Faisant Référence À Un Pâte Douce, Riche Et Friable Faite Par La Méthode De Crémage .

P Â Te Sucre É E Le Terme Français Décrivant Pâte Courte Douce, Riche Et Croustillante Faite Par La Méthode De Crémage

S

Soufflé É) Un Dessert Français Fait Avec Les Blancs D'œufs Fouettés Pliés Dans Une Base De Sucre, Farine, Lait Ébouillanté, Et Jaunes D'œufs.

English

A

Abaissage : A French Term That Indicates The Rolling Out Of Pastry Dough

Ambassador Cake A Three Layers French Cake Flavored With Grand Marnier, Fi Lled With Buttercream And Candied Fruit, Then Covered With A Thin Sheet Of Pink Colored Marzipan.

B

Baba Au Rhum

Rich Yeast-Risen Cakes Studded With Dried Fruit Like Raisins Or Currants And Soaked In Hot Rum Or Kirch Syrup

Biscuit De Savoie Is A Very Very Light French Sponge Cake.

Brioche ('Bree-Ohshh) A Light, Tender, Classic French Yeast Bread Enriched With Butter And Eggs

Belle Hélène A Classic French Ice Cream Dessert Of Poached Pears With Warm A Chocolate Sauce

Bûche De Noël

Is The French Christmas Cake Flavored With Génoise, Filled With Buttercream And Shaped

Like A Log

C

Calisson

The Calisson Is Typical Confectionary From Provence Which Is Based On Confit Melon Paste Of Apt, Almonds Of Provence And Sugar And

Clafoutis

It Is A Rustic French Tart That Is Somewhere Between A Cake And A Flan

Crème Anglaise

Creme Anglaise Is A Classic French Vanilla Custard **Sauce.**.

Crème Au Beurre Au : French Buttercream

Crème Bourdaloue (Krehm Boor-Dah-'Lou) A Classic French Cream Flavored With Kirsch, Made With A Cooked Mixture Of Eggs, Yolks, Sugar, And Cornstarch Used As A Filling In Tarts And Pastries.

Crème Brûléefrench Classic Creamy Custard Dessert With Vanilla Bean And Caramelized Sugar,

Crème Chantilly (Krehm Shanh-'Tee-Yee) Whipped Cream

Crème Chiboust (Krehm Chee-'Boost) See Chiboust Cream .

Crème Diplomat Is A Combination Of Classic Pastry **Cream** And Whipped **Cream**

Crème Renversée
Is A Crème Caramel

Crêpe The French Term For Pancake, Referring To A Paper-Thin, Unleavened Pancake Used To Make Sweet And Savory Fillings

Croissant Is A French Patisserie Classic Referring To A Rich, Buttery Pastry Shaped Like A Crescent, With A Crisp, Flaky Golden Brown Crust And Soft, Semi-Hollow Interior.

F

Financier A Delicate Sponge - Like Cake Made With Egg Whites, *Beurre Noisette*, And Ground Almonds.

Frangipane (Fruhn - Juh - ' Pahn) An Almond Filling For Pastries.

G

Galette Des Rois : The French Epiphany Cake

Génoise A French Sponge Cake

Gâteau Saint - Honoré

Is A French Classic Cake Filled With Chiboust Cream, Consisting Of A

Puff Pastry Base With Concentric Circles Of

Choux Pastry Piped On Top Of The Dough

Gaufre Is A *Waffl E* .

I

Île Flottante Consisting Of Poached Meringues In A Pool Of Sweet Custard.

M

Madeleine Is A French Shell-Shaped Sponge Cake

Meringue

Is A Type Of Dessert Made From Whipped Egg Whites And Sugar

P

Pâte à Glacer (Paht Ah Glah-Say) A commercially made chocolate glaze imported from France and available from specialty vendors. It comes in white or dark chocolate, and gives a shiny, glossy appearance with a smooth texture and chocolate flavor.

Pâte Brisée (Paht Bree-Zay) The French term for "broken dough," referring to a flaky pastry dough made by the *Biscuit Method*.

Pâte Feuilletée *Puff Pastry*.

Pâte Sablée ('Paht Sah-'Blay) The French term for "sand dough," referring to a

Sweet, Rich, Crumbly Short Dough Made By The *Creaming Method* .

P Â Te Sucr É E (' Paht Sue - ' Kray) The French Term Referring To A

Sweet, Rich, Crisp Short Dough Made By The *Creaming Method* .

P Â Te À Glacer Paht Ah Glah - Say)Well-Known As *Chocolate Glaze* .

P Â Te Bris É E Refers To A

Fl Aky Pastry Dough Made By The *Biscuit Method* .

P Â Te Ferment É E A *Pre - Ferment* That Is Taken From A Piece

P Â Te Sabl É E French Term Referring To A

Sweet, Rich, Crumbly Short Dough Made By The *Creaming Method* .

P Â Te Sucr É E The French Term Describing

Sweet, Rich, Crisp Short Dough Made By The *Creaming Method*

S

Souffl É) A French Dessert Made With Whipped Egg Whites Folded Into A Base Of Sugar, Flour Scalded Milk, And Egg Yolks.

German

A

Abaissage : Ein Französischer Begriff, Der Das Ausrollen Von Teig Anzeigt

Ambassadeur Kuchen Ein Drei Lagen Französischer Kuchen Mit Grand Marnier, Gefüllt Mit Buttercreme Und Kandierten Früchten, Dann Mit Einem Dünnen Blatt Rosa Marzipan Bedeckt.

B

Baba Au Rhum

Reiche Hefe-Kuchen Mit Getrockneten Früchten Wie Rosinen Oder Johannisbeeren Besetzt Und In Heißem Rum Oder Kirch Sirup Getränkt

Biscuit De Savoie Ist Ein Sehr Leichter Französischer Biskuitkuchen.

Brioche ('Bree-Ohshh) Ein Leichtes, Zartes, Klassisches Französisches Hefebrot, Angereichert Mit Butter Und Eiern

Belle Hélène Ein Klassisches Französisches Eis Dessert Aus Pochierten Birnen Mit Einer Warmen Schokoladensauce

Bûche De Noël

Ist Der Französische Weihnachtskuchen Mit Génoise Aromatisiert, Mit Buttercreme Gefüllt Und Wie Ein Baumstamm Geformt

C

Calisson

Der Calisson Ist Ein Typisches Süßwaren Aus Der Provence, Das Auf Melonenpaste Von Apt, Mandeln Der Provence Und Zucker Basiert Und

Clafoutis

Es Ist Eine Rustikale Französische Torte, Die Irgendwo Zwischen Einem Kuchen Und Einer Flan

Crème Anglaise

Creme Anglaise Ist Eine Klassische Französische Vanillepuddingsauce..

Crème Au Beurre Au : Französische Buttercreme

Crème Bourdaloue (Krehm Boor-Dah-'Lou) Eine Klassische Französische Creme Mit Kirsch Gewürzt, Mit Einer Gekochten Mischung Aus Eiern, Eigelb, Zucker Und Maisstärke Als Füllung In Torten Und Gebäck Verwendet.

Crème Brûléefrench Klassisches Cremiges Pudding-Dessert Mit Vanilleschote Und Karamellisiertem Zucker,

Crème Chantilly (Krehm Shanh-'T-Yee) Schlagsahne

Crème Chiboust (Krehm Chee-Boost) Siehe Chiboust-Creme .

Crème Diplomat Ist Eine Kombination Aus Klassischer Backcreme Und Schlagsahne

Crème Renversée

Ist Eine Crème-Karamell

Crêpe Der Französische Begriff Für Pfannkuchen, Bezogen Auf Ein Papier-Dünne, Ungesäuerte Pfannkuchen Verwendet, Um Süße Und Herzhafte Füllungen

Croissant Ist Ein Französischer Konditorei-Klassiker, Der Sich Auf Ein Reichhaltiges Buttergebäck Bezieht, Das Wie Ein Halbmond Geformt Ist.

F

Finanzier Eine Zarte Schwamm-Wie Kuchen Mit Eiweiß, Beurre Gemacht

Noisette Und Gemahlene Mandeln.

Frangipane (Fruhn-Juh ' ' Pahn) Eine Mandelfüllung Für

Gebäck.

G

Galette Des Rois: Der Französische Dreikönigskuchen

Génoise Ein Französischer Biskuitkuchen

Gâteau Saint - Honoré

Ist Ein Französischer Klassischer Kuchen Gefüllt Mit Chiboust Creme, Bestehend Aus Einem

Blätterteig-Basis Mit Konzentrischen Kreisen Von

Choux-Gebäck Auf Dem Teig Verrohrt

Gaufre Ist Ein Waffl E .

I

Île Flottante Bestehend Aus Pochierten Baiser In Einem Pool Von Süßen Pudding.

M

Madeleine Ist Ein Französischer Muschelförmiger Biskuitkuchen

Meringue Ist Eine Art Dessert Aus Geschlagenem Eiweiß Und Zucker

P

P Â Te À Glacer (Paht Ah Glah-Say) Eine Handelsübliche Schokoladenglasur Importiert

Aus Frankreich Und Erhältlich Bei Fachhändlern. Es Kommt In Weiß Oder

Dunkle Schokolade, Und Gibt Ein Glänzendes, Glänzendes Aussehen Mit Einer Glatten Textur Und

Schokolade Fl Vor

P Â Te Bris É E (Paht Bree - Zay) Der Französische Begriff Für "Broken Teig", Bezogen Auf Eine

Fl Aky Teig Teig Nach Der Keks-Methode Hergestellt .

P Â Te Feuillet É E-Blätterteig .

P Â Te Sabl É E ('Paht Sah -' Blay) Der Französische Begriff Für "Sand Teig," Bezieht Sich Auf Eine

Süß, Reich, Krümelig Kurzer Teig, Der Durch Die Rahmmethode Hergestellt Wird.

P Â Te Such É E ('Paht Sue - ' Kray) Der Französische Begriff, Der Sich Auf Eine

Süß, Reich, Knackig Kurzer Teig Durch Die Rahmung Methode Gemacht.

P Â Te À Glacer Paht Ah Glah - Sagen), Auch Bekannt Als Schokolade-Glasur.

P Â Te Bris É E Bezieht Sich Auf Eine

Fl Aky Teig Teig Nach Der Keks-Methode Hergestellt.

P Â Te Gären É E A Pre - Ferment, Das Aus Einem Stück

P Â Te Sabl É E Französisch Begriff, Der Sich Auf Eine

Süß, Reich, Krümelig Kurzer Teig, Der Durch Die Rahmmethode Hergestellt Wird .

P Â Te Sucr É E Der Französische Begriff Beschreibt

Süßer, Reicher, Knackiger Knackiger Kurzteig Nach Der Rahmmethode

S

Souffl É) Ein Französisches Dessert Aus

Mit Geschlagenem Eiweiß Zu Einer Basis Gefaltet

Von Zucker, Mehl Verbrüht Milch, Und

Eigelb.

Spanish

A

Abaissage : Un Término Francés Que Indica El Despliegue De Masa

Pastel Ambassador Un Pastel Francés De Tres Capas Aromatizado Con Grand Marnier, Relleno Con Crema De Mantequilla Y Fruta Confitada, Luego Cubierto Con Una Fina Lámina De Mazapán De Color Rosa.

B

Baba Au Rhum

Pasteles Ricos En Levadura Tachonados Con Frutos Secos Como Pasas O Grosellas Y Empapados En Ron Caliente O Jarabe De Kirch

Biscuit De Savoie Es Un Bizcocho Francés Muy Muy Ligero.

Brioche ('Bree-Ohshh) Un Pan Ligero, Tierno Y Clásico De Levadura Francesa Enriquecido Con Mantequilla Y Huevos

Belle Hélène Un Clásico Postre De Helado Francés De Peras Escalfadas Con Una Salsa De Chocolate Caliente

Bûche De Noël

Es El Pastel De Navidad Francés Aromatizado Con Génoise, Relleno De Crema De Mantequilla Y Con Forma De Tronco

C

Calisson

El Calisson Es Confitería Típica De Provenza Que Se Basa En Pasta De Melón Confitado De Apt, Almendras De Provenza Y Azúcar Y

Clafoutis

Es Una Tarta Francesa Rústica Que Está En Algún Lugar Entre Un Pastel Y Un Flan

Crear Cuenta Nueva

Creme Anglaise Es Una Clásica Salsa De Crema De Vainilla Francesa..

Crème Au Beurre Au : Crema De Mantequilla Francesa

Crème Bourdaloue (Krehm Boor-Dah-'Lou) Una Crema Francesa Clásica Con Sabor A Kirsch, Hecha Con Una Mezcla Cocida De Huevos, Yemas, Azúcar Y Almidón De Maíz Utilizado Como Relleno En Tartas Y Pasteles.

Crème Brûléepostre De Crema Cremosa Clásica Francesa Con Vainilla Y Azúcar Caramelizada,

Crème Chantilly (Krehm Shanh-'Tee-Yee) Crema Batida

Crema Chiboust (Krehm Chee-'Boost) Ver Crema Chiboust .

Crème Diplomático Es Una Combinación De Crema Pastelera Clásica Y Crema Batida

Crème Renversée

Es Un Caramelo De Crema

Crêpe El Término Francés Para Panqueque, En Referencia A Un Panqueque Sin Levadura Delgado Y Papel Utilizado Para Hacer Rellenos Dulces Y Salados

Croissant Es Un Clásico De Pastelería Francesa Que Se Refiere A Una Rica, Pastelería Mantecosa En Forma De Media Luna, Con Un Crujiente, Corteza De Color Marrón Dorado Escamosa Y Suave, Interior Semi-Hueco.

F

Financier Una Delicada Esponja - Como Pastel Hecho Con Claras De Huevo, Beurre

Noisette, Y Almendras Molidas.

Frangipane (Fruhn - Juh - ' Pahn) Un Relleno De Almendra Para

Pastel.

G

Galette Des Rois : El Pastel De Epifanía Francesa

Génoise Un Bizcocho Francés

Gâteau Saint - Honoré

Es Un Pastel Clásico Francés Relleno De Crema Chiboust, Que Consiste En Un Base De Hojaldre Con Círculos Concéntricos De Choux Hilo En La Parte Superior De La Masa

Gaufre Es Un Waffl E .

I

Île Flottante Que Consiste En Merengues Escalfados En Una Piscina De Natillas Dulces.

M

Madeleine Es Un Bizcocho Francés En Forma De Concha

Merengue

Es Un Tipo De Postre Hecho De Claras De Huevo Batidas Y Azúcar

P

P Â Te À Glacer (Paht Ah Glah - Decir) Un Glaseado De Chocolate Hecho Comercialmente Importado

De Francia Y Disponible De Proveedores Especializados. Viene En Blanco O

Chocolate Oscuro, Y Da Un Aspecto Brillante, Brillante Con Una Textura Lisa Y

Chocolate Fl Avor

P Â Te Bris É E (Paht Bree - Zay) El Término Francés Para " Masa Rota", En Referencia A Un

Masa De Pastelería Fl Aky Hecha Por El Método De Galletas.

P Â Te Feuillet É E Hojaldre .

P Â Te Sabl É E (' Paht Sah - ' Blay) El Término Francés Para " Masa De Arena, " En Referencia A Un

Masa Corta Dulce, Rica Y Desmenuzable Hecha Por El Método De Crema .

P Â Te Sucrée, El Término Francés Que Se Refiere A Un

Masa Corta Dulce, Rica Y Crujiente Hecha Por El Método De Crema.

P Â Te À Glacer Conocido Como Glaseado De Chocolate .

P Â Te Bris É E Se Refiere A Un

Masa De Pastelería Fl Aky Hecha Por El Método De Galletas.

P Â Te Ferment É E Un Pre - Fermento Que Se Toma De Una Pieza

P Â Te Sabl É E Término Francés Que Hace Referencia A Un

Masa Corta Dulce, Rica Y Desmenuzable Hecha Por El Método De Crema.

P Â Te Sucr É E El Término Francés Que Describe

Masa Corta Dulce, Rica Y Crujiente Hecha Por El Método De Crema

Soufflé) Un Postre Francés Hecho

Con Claras De Huevo Batidas Dobladas En Una Base

De Azúcar, Harina De Leche Escaldada, Y

Yemas De Huevo.

Italian

A

Abaissage : Un Termine Francese Che Indica Il Rotolamento Di Pasta Sfoglia

Abaissage: Un Termine Francese Che Indica Il Rotolamento Di Pasta Sfoglia

Ambassador Cake Una Torta Francese A Tre Strati Aromatizzata Al Grand Marnier, Fi Lled Con Crema Al Burro E Frutta Candita, Poi Ricoperta Da Un Sottile Foglio Di Marzapane Di Colore Rosa.

B

Baba Au Rhum

Ricche Torte Lievitate Tempestate Di Frutta Secca Come Uvetta O Ribes E Imbevute Di Rum Caldo O Sciroppo Di Kirch

Biscuit De Savoie È Un Pan Di Spagna Francese Molto Leggero.

Brioche ('Bree-Ohshh) Un Leggero, Tenero, Classico Pane Di Lievito Francese Arricchito Con Burro E Uova

Belle Hélène Un Classico Gelato Francese Dessert Di Pere In Camicia Con Caldo Una Salsa Di Cioccolato

Bûche De Noël

È La Torta Di Natale Francese Aromatizzata Con Génoise, Piena Di Crema Di Burro E A Forma Di Tronco

C

Calisson

Il Calisson È Tipico Dolciario Provenzale Che Si Basa Su Pasta Di Melone Confit Di Apt, Mandorle Di Provenza E Zucchero E

Clafoutis

È Una Crostata Francese Rustica Che Si Trova Da Qualche Parte Tra Una Torta E Un Flan

Crème Anglaise

Creme Anglaise È Una Classica Salsa Francese Alla Crema Alla Vaniglia..

Crème Au Beurre Au: Crema Di Burro Francese

Crème Bourdaloue (Krehm Boor-Dah - ' Lou) Una Classica Crema Francese Aromatizzata Con Kirsch, Fatta Con Una Miscela Cotta Di Uova, Tuorli, Zucchero E Amido Di Mais Usato Come Ripieno Di Crostate E Pasticcini.

Crème Brûléefrench Classico Dessert Crema Pasticcera Con Vaniglia E Zucchero Caramellato,

Crème Chantilly (Krehm Shanh-'Tee-Yee) Panna Montata

Crème Chiboust (Krehm Chee-'Boost) Vedi Crema Chiboust .

Crème Diplomat È Una Combinazione Di Crema Pasticcera Classica E Panna Montata

Crème Renversée

È Un Caramello Crème

Crêpe Il Termine Francese Per Pancake, Riferendosi A Un Sottile Di Carta, Frittella Non Lievitata Utilizzato Per Fare Ripieni Dolci E Salati

Croissant È Un Classico Della Pasticceria Francese Che Si Riferisce A Una Pasticceria Ricca E Burrosa A Forma Di Mezzaluna, Con Una Crosta Croccante E Traballante Marrone Dorato E Interni Morbidi E Semi-Vuoti.

F

Finanziere Una Delicata Torta Di Spugna Fatta Con Albumi D'uovo, Beurre

Noisette E Mandorle Macinate.

Frangipane (Fruhn-Juh - ' Pahn) Un Ripieno Di Mandorle Per Pasticceria.

G

Galette Des Rois: La Torta Francese Dell'epifania

Génoise Un Pan Di Spagna Francese

Gâteau Saint-Honoré

È Una Torta Classica Francese Piena Di Crema Di Chiboust, Composta Da Un

Base Di Pasta Sfoglia Con Cerchi Concentrici Di

Pasta Choux Convogliata Sulla Parte Superiore Della Pasta

Gaufre È Un Waffl E .

I

Île Flottante Composto Da Meringhe In Camicia In Una Piscina Di Crema Pasticcera Dolce.

M

Madeleine È Un Pan Di Spagna Francese A Forma Di Conchiglia

Meringa

È Un Tipo Di Dessert A Base Di Albumi Montati A Neve E Zucchero

P

P Â Te À Glacer (Paht Ah Glah-Say) Una Glassa Di Cioccolato Commercialmente Made Importata

Dalla Francia E Disponibile Da Venditori Specializzati. Viene In Bianco O

Cioccolato Fondente, E Dà Un Aspetto Lucido, Lucido Con Una Consistenza Liscia E

Cioccolato Fl Avor

P Â Te Bris É E (Paht Bree-Zay) Il Termine Francese Per "Pasta Rotta", Riferendosi A Un

Fl Aky Pasta Frolla Fatta Con Il Metodo Biscotto .

P Â Te Feuillet É E Pasta Sfoglia .

P Â Te Sabl É E ('Paht Sah - 'Blay) Il Termine Francese Pcr "Pasta Di Sabbia", Riferendosi A Un

Dolce, Ricco, Friabile Pasta Corta Fatta Con Il Metodo Di Scrematura .

P Â Te Sucr É E ('Paht Sue -' Kray) Il Termine Francese Che Si Riferisce A Un

Dolce, Ricco, Croccante Pasta Corta Fatta Con Il Metodo Di Scrematura .

P Â Te À Glacer Paht Ah Glah-Say) Ben Noto Come Glassa Al Cioccolato .

P Â Te Bris É E Si Riferisce A Un

Fl Aky Pasta Frolla Fatta Con Il Metodo Biscotto .

P Â Te Ferment É E Un Pre-Fermento Che Viene Preso Da Un Pezzo

PÂTe Sablé e Termine Francese Che Si Riferisce A Un

Dolce, Ricco, Friabile Pasta Corta Fatta Con Il Metodo Di Scrematura.

PÂTe Sucré e Il Termine Francese Che Descrive

Dolce, Ricco, Croccante Pasta Corta Fatta Con Il Metodo Di Scrematura

Soufflé) Un Dolce Francese Fatto

Con Albumi Montati A Neve Piegati In Una Base

Di Zucchero, Farina Di Latte Scottato, E

Tuorlo.

Portuguese

A

Abaissage : Um Termo Francês Que Indica A Saída Da Massa De Pastelaria

Abaissage: Termo Francês Que Indica A Saída Da Massa Pastelaria

Bolo Embaixador Um Bolo Francês De Três Camadas Com Sabor A Grand Marnier, Com Creme De Manteiga E Fruta Cristalizada, Em Seguida, Coberto Com Uma Fina Folha De Maçapão Cor-De-Rosa.

B

Baba Au Rhum

Bolos Ricos De Levedura, Com Frutos Secos, Como Passas Ou Groselhas, Embebidos Em Rum Quente Ou Xarope De Kirch

Biscoito De Savoie É Um Bolo Francês Muito Leve.

Brioche ("Bree-Ohshh") Um Pão Francês Leve, Macio E Clássico De Levedura Enriquecido Com Manteiga E Ovos

Belle Hélène Um Clássico Gelado Francês Sobremesa De Pêras Escalfadas Com Molho De Chocolate Quente

Bûche De Noël

É O Bolo De Natal Francês Com Sabor A Génoise, Cheio De Creme De Manteiga E Em Forma De Tronco

C

Calisson

O Calisson É Um Pastelão Típico Da Provença, Que É Baseado Em Pasta De Melão De Confit De Apt, Amêndoas Da Provença E Açúcar E

Clafoutis

É Uma Torta Rústica Francesa Que Está Algures Entre Um Bolo E Um Pudim

Crème Anglaise

Creme Anglaise É Um Clássico Molho Francês De Baunilha..

Crème Au Beurre Au: Creme De Manteiga Francês

Crème Bourdaloue (Krehm Boor-Dah - 'Lou) É Um Creme Francês Clássico Com Sabor A Kirsch, Feito Com Uma Mistura Cozida De Ovos, Gemas, Açúcar E Amido De Milho Usado Como Recheio De Tartes E Pastelaria.

Crème Brûléefrench Sobremesa Cremosa Clássica Com Baunilha E Açúcar Caramelizado,

Crème Chantilly (Krehm Shanh - " Tee-Yee) Chantilly

Crème Chiboust (Krehm Chee-'Boost) See Chiboust Cream .

Crème Diplomat É Uma Combinação De Creme Clássico De Pastelaria E Chantilly

Crème Renversée

É Um Creme De Caramelo

Crêpe O Termo Francês Para Panqueca, Referindo-Se A Uma Panqueca Fina De Papel, Azulada Usada Para Fazer Recheios Doces E Saborosos

Croissant É Um Clássico Francês Que Se Refere A Uma Massa Rica E Amanteigada Em Forma De Crescente, Com Uma Crosta Marrom Acinzentada E Interior Macio E Semi-Oco.

F

Financiador Um Delicado Bolo De Esponja Feito Com Claras De Ovo, Beurre Noisette, E Amêndoas Moídas.

Frangipano (Fruhn-Juh - ' Pahn) Pastel.

G

Galette Des Rois: O Bolo De Epifania Francês

Génoise Um Pão-De-Ló Francês

Gâteau Saint-Honoré

É Um Bolo Clássico Francês Cheio De Creme De Chiboust, Consistindo De Um

Massa Folhada Com Círculos Concêntricos De

Pastelaria Choux Com Tubagem Em Cima Da Massa

Gaufre É Uma Waffl E.

I

Île Flottante Consiste Em Merengues Escalfados Numa Poça De Creme De Leite Doce.

M

Madeleine É Um Bolo De Esponja Em Forma De Concha Francês.

Merengue

É Um Tipo De Sobremesa Feita De Claras De Ovo Batidas E Açúcar

P

P Â Te À Glacer (Paht Ah Glah - Say) Um Glaze De Chocolate Produzido Comercialmente Importado

Da França E Disponível A Partir De Fornecedores Especializados. Vem Em Branco Ou

Chocolate Preto, E Dá Uma Aparência Brilhante, Brilhante, Com Uma Textura Suave E

Chocolate Fl Avor

P Â Te Bris É E (Paht Bree-Zay) O Termo Francês Para "Massa Quebrada", Referindo-Se A Um

Massa De Pastelaria Feita Pelo Método Da Bolacha .

P Â Te Feuillet É E Puff Pastel .

P Â Te Sabl É E ('Paht Sah -' Blay) O Termo Francês Para "Massa De Areia", Referindo-Se A Um

Doce, Rica, Pequena Massa Feita Pelo Método Creaming .

P Â Te Sucr É E ("Paht Sue - Kray")

Massa Doce, Rica E Estaladiça Feita Pelo Método Creaming .

P Â Te À Glacer Paht Ah Glah-Say) Bem Conhecido Como Glaze De Chocolate .

P Â Te Bris É E Refere-Se A

Massa De Pastelaria Feita Pelo Método Da Bolacha .

Pâte Ferment é é um pré-fermento que é retirado de uma peça

Pâte Sablé é é termo francês referente a

doce, rica, pequena massa feita pelo método Creaming.

Pâte Sucré é e o termo francês que descreve

Massa doce, rica e estaladiça feita pelo método dos cremes

S

Soufflé) Uma sobremesa francesa feita

Com Claras De Ovos Batidas Dobradas Numa Base De Açúcar, De Leite Escaldado Com Farinha, E Gema.

Russian

A

Abaissage : Французский Термин, Обозначающий Раскатывание Кондитерского Теста

Abaissage: Французский Термин, Обозначающий Раскатывание Кондитерского Теста

Посол Торт Трехслойный Французский Торт, Приправленный Grand Marnier, Наполненный Сливочным Кремом И Засахаренными Фруктами, Затем Покрытый Тонким Листом Розового Марципана.

Б

Баба Ау Рум

Богатые Дрожжевые Лепешки, Сдобренные Сухофруктами, Такими Как Изюм Или Смородина, Пропитанные Горячим Ромом Или Сиропом Кирха

Biscuit De Savoie-Это Очень Легкий Французский Бисквитный Торт.

Бриошь ('Bree-Ohshh) - Легкий, Нежный, Классический Французский Дрожжевой Хлеб, Обогащенный Маслом И Яйцами

Belle Hélène Классический Французский Десерт Из Вареных Груш С Теплым Шоколадным Соусом

Bûche De Noël

Это Французский Рождественский Торт, Приправленный Женуазой, Наполненный Сливочным Кремом И Имеющий Форму Бревна

С

Калиссоны

Калиссон-Типичная Кондитерская Из Прованса, Которая Основана На Конфи-Дыневой Пасте Апт, Миндале Прованса И Сахаре.

Клафути

Это Деревенский Французский Пирог, Который Находится Где-То Между Тортом И Фланом

Английский Крем

Creme Anglaise-Это Классический Французский Ванильный Заварной Соус..

Crème Au Beurre Au: Французский Сливочный Крем

Crème Bourdaloue (Krehm Boor-Dah-'Lou) - Классический Французский Крем, Приправленный Киршем, Приготовленный Из Приготовленной Смеси Яиц, Желтков, Сахара И Кукурузного Крахмала, Используемых В Качестве Начинки В Пирожных И Выпечке.

Крем-Брюлефренч Классический Сливочный Заварной Десерт С Ванильными Бобами И Карамелизованным Сахаром,

Крем Шантильи (Krehm Shanh-'Tee-Yee) Взбитые Сливки

Крем Crème Chiboust (Повышение Krehm Чи -') См. Chiboust Крем .

Крем Дипломат-Это Сочетание Классического Кондитерского Крема И Взбитых Сливок

Крем Ренверсе

Это Крем-Карамель

Crêpe Французский Термин Для Блинов, Относящийся К Тонким, Как Бумага, Пресным Блинам, Используемым Для Приготовления Сладких И Пикантных Начинок

Круассан-Это Классика Французской Кондитерской, Относящаяся К Богатому Маслянистому Тесту В Форме Полумесяца, С Хрустящей, Шелушащейся Золотисто-Коричневой Корочкой И Мягким, Полупустым Интерьером.

Финансист Нежный Бисквитный Торт, Приготовленный Из Яичных Белков, Beurre

Нуазетт И Молотый Миндаль.

F

Франжипан (Fruhn - Juh - ' Pahn) Миндальная Начинка Для

Выпечка.

G

Galette Des Rois: Французский Крещенский Торт

Генуэзскую Французский Бисквит

Гато Сент-Оноре

Это Французский Классический Торт, Наполненный Кремом Чубуст, Состоящий Из

Основа Слоеного Теста С Концентрическими Кругами Из

Заварное Тесто Выложить Трубочкой Поверх Теста

Гауфр - Это Ваффл Э.

Иль Флоттанте, Состоящий Из Вареных Безе В Луже Сладкого Заварного Крема.

M

Мадлен-Это Французский Бисквитный Торт В Форме Раковины

Меренга

Это Разновидность Десерта, Приготовленного Из Взбитых Яичных Белков И Сахара

Р

П Тэ Â À Glacer (Указывает На Глах Ах - Сказать) Заводской Шоколадной Глазури Импортные

Из Франции И Доступны От Специализированных Поставщиков. Он Поставляется В Белом Или

Темный Шоколад, А Также Придает Блестящий, Глянцевый Внешний Вид С Гладкой Текстурой И

Шоколадный Флакон Avor

P Â Te Bris É E (Paht Bree - Zay)

Французский Термин Для Обозначения "Разбитого Теста", Относящегося К

Тесто Для Мучных Кондитерских Изделий Изготавливается Бисквитным Методом.

P Â Te Feuillet É E Слоеное Тесто.

P Â Te Sabl É E ('Paht Sah - 'Blay)

Французский Термин Для Обозначения "Песочного Теста", Относящегося К

Сладкое, Сочное, Рассыпчатое Короткое Тесто, Приготовленное Методом Взбивания Сливок.

P Â Te Sucr É E ('Paht Sue - ' Kray)

Французский Термин, Относящийся К А

Сладкое, Насыщенное, Хрустящее Короткое Тесто, Приготовленное Методом Взбивания Сливок .

П Тэ Â À Glacer Указывает Ах Глахами - Сказать)Хорошо Известен Как Шоколадная Глазурь .

P Â Te Bris É E Относится К A

Тесто Для Мучных Кондитерских Изделий Изготавливается Бисквитным Методом .

P Â Te Ferment É E Предварительная Закваска, Взятая Из Куска

P Â Te Sabl É E Французский Термин, Относящийся К А

Сладкое, Густое, Рассыпчатое Короткое Тесто, Приготовленное Методом Взбивания .

P Â Te Sucr É E Французский Термин Описывающий

Сладкое, Насыщенное, Хрустящее Короткое Тесто, Приготовленное Методом Взбивания Сливок

S

Souffl É) Французский Десерт, Приготовленный

Со Взбитыми Яичными Белками, Сложенными В Основу

Сахара, Муки, Ошпаренного Молока И Т. Д.

Яичный Желток.

Chinese

A

Abaissage：一个法语术语，表示糕点面团的滚动

大使蛋糕三层法式蛋糕用大马尼尔调味，与奶油和蜜饯混合，然后用粉红色杏仁薄片复盖。

B

Baba Au Rhum

丰富的酵母上升蛋糕镶嵌着干果如葡萄干或葡萄干，浸泡在热朗姆酒或 kirch 糖浆中

饼干德萨瓦是一个非常非常轻的法国海绵蛋糕。

奶油蛋卷（'Bree-Ohshh）一种轻盈，嫩滑，经典的法国酵母面包，富含黄油和鸡蛋

Belle Hélène 经典的法国冰淇淋甜点水煮梨与温暖的巧克力酱

Bûche De Noël

是法国圣诞蛋糕用 génoise 调味，充满奶油和形状像一个日志

C

Calisson

Calisson 是来自普罗旺斯的典型糖果，它基于 apt 的甜瓜糊，普罗旺斯的杏仁和糖和

Clafoutis

它是一种质朴的法国挞，介于蛋糕和馅饼之间

奶油英语

Creme Anglaise 是一种经典的法国香草奶油酱。.

奶油奶油：法国奶油

Crème Bourdaloue(Krehm Boor-Dah-'Lou)是一种经典的法国奶油，采用基尔希风味，由鸡蛋，蛋黄，糖和玉米淀粉混合制成，用于馅饼和糕点。

Crème Brûléefrench 经典奶油蛋羹甜点配香草豆和焦糖,

奶油香提伊(Krehm Shanh-'Tee-Yee)鲜奶油

乳霜 chiboust（Krehm Chee-'提升）请参阅 chiboust 霜。

Crème Diplomat 是经典糕点奶油和鲜奶油的组合

Crème Renversée

是奶油焦糖

Crêpe 法语术语煎饼，指的是一种薄薄的无酵煎饼，用于制作甜味和咸味的馅料

羊角面包是法式糕点的经典之作，它的形状像一个新月形的丰富的黄油糕点，脆脆的金黄色外壳和柔软的半空心内部。

F

Financier 用蛋清制成的精致海绵状蛋糕，Beurre

Noisette 还有杏仁粉

前面是一个法国人开始了，这个法国人开始了

鸡蛋花（Fruhn-Juh-'Pahn）杏仁馅

糕点

G

Galette Des Rois：法国顿悟蛋糕

Génoise 法国海绵蛋糕

Gâteau Saint-Honoré

是一个法国经典蛋糕充满了 chiboust 奶油,由

酥皮底座与同心圆

泡芙糕点管道在面团的顶部

Gaufre 是个流浪汉

I

Île Flottante 由水煮蛋白酥皮组成，在甜奶油的游泳池中。

玛德琳是法国贝壳形状的海绵蛋糕

蛋白酥皮

是一种由搅打的蛋清和糖制成的甜点

隆隆隆隆路虏腜)E 陇 e 貌 a 垄拢卢虏禄 e 陇 e 貌路)隆拢脑枚腜虏 e 麓腜 e 脱)Ee 录)禄庐 戮 ee Imported

来自法国和可从专业供应商。它有白色或

黑巧克力,并给出了一个有光泽,有光泽的外观,质地光滑和

巧克力佛罗里达州

P

P Â Te Bris É E（Paht Bree-Zay）法语术语"破碎的面团",指的是

Fl Aky 糕点面团由饼干法制成。

你的火是酥皮.

P Â Te Sabl É E（'Paht Sah-'Blay）法语术语"沙面团"，指的是

甜，丰富，易碎的短面团由膏的方法制成。

P Â Te Sucrée（'Paht Sue-'Kray）法语术语指的是

用奶油法制成的甜、丰富、脆的短面团。

隆隆隆隆路房脢..陇.貌.奎拢卢房禄 e 陇.貌路.隆拢脑枚脢房.麓脢.脱…录.禄庐毀…

P A Te Bris É E 指的是一个

Fl Aky 糕点面团由饼干法制成。

P Te 发酵是从一块采取的预发酵

P Te Sablé E 法语术语指的是一个

甜，丰富，易碎的短面团由膏的方法制成。

P 个 te Sucr É E 法文术语描述

用奶油法制成的甜、丰富、脆的短面团

蛋奶酥)法国甜点

用搅打的蛋清折叠成一个基地

糖，面粉烫牛奶，和

蛋黄

Hindi

एक फ़्रेंच शब्द है कि पेस्ट्री आटा के बाहर रोलगि इंगति करता है

राजदूत केक भव्य मार्नयिर, फाई के साथ स्वाद एक तीन परतों फ़्रेंच केक तो गुलाबी रंग का बादाम का मीठा हलुआ की एक पतली चादर के साथ कवर मलाईबरफ़ और चीनी जमाया फल, साथ जलाया ।

B

बाबा Au Rhum

रिच खमीर बढ़ी केक किशमिश या किशमिश की तरह सूखे फल के साथ जड़ी और गर्म रम या कीर्च सिरप में भिगो

बिस्किुट डी सेवोई एक बहुत ही हल्के फ्रेंच स्पंज केक है.

ब्रोच ('ब्री-ओह) एक प्रकाश, निविदा, मक्खन और अंडे के साथ समृद्ध क्लासिक फ्रेंच खमीर रोटी

बेले हेली एक क्लासिक फ्रेंच आइसक्रीम मिठाई गर्म एक चॉकलेट सॉस के साथ सिकी नाशपाती की

Bûche De नोएल

फ्रेंच क्रिसमस केक, पासंग के साथ स्वाद का कुल्फ़ी के साथ भरा है और आकार का है

एक लॉग की तरह

सी

Calisson

कालीसन प्रोवेंस से विशिष्ट मष्ठिानन है जो उपयुक्त के कंफेट तरबूज पेस्ट पर आधारित है, प्रोवेंस और चीनी के बादाम और

Clafoutis

यह एक देहाती फ्रेंच तीखा है कि कहीं है एक केक और एक फ्लान के बीच

Creme Anglaise

Creme Anglaise है एक क्लासकि फ्रेंच वेनलिा कस्टर्ड सॉस..

Creme Au Beurre Au : फ्रेंच Buttercream

Creme Bourdaloue (Krehm गंवार-दाह-'लो) एक क्लासकि फ्रेंच क्रीम के साथ स्वाद Kirsch के साथ बनाया है, एक पकाया मश्रिण, अंडे की जर्दी, चीनी और Cornstarch के रूप में इस्तेमाल किया एक भरने में Tarts और पेस्ट्री.

वेनलिा सेम और कैरजि चीनी के साथ क्लासकि मलाईदार कस्टर्ड मठिाई से बाहर ले जाने के लिए,

Crème Chantilly (Krehm Shanh-'टी-यी) क्रीम मार पड़ी है

Creme Chiboust (Krehm ची'को बढ़ावा देने) देखें Chiboust I

क्रीम केक क्लासिकि पेस्ट्री क्रीम और व्हीप्ड क्रीम का एक संयोजन है

Creme Renversée

एक क्रीम कारमेल है

Crêpe फ़्रेंच शब्द पैनकेक के लिए, बात करने के लिए एक कागज पतली अखमीरी पैनकेक बनाने के लिए इस्तेमाल किया, मठिाई और दलिकश Fillings

क्रोइसैन एक फ़्रेंच पेतेसरी क्लासकि एक अमीर की चर्चा करते हुए है, एक वर्धमान जैसे आकार का कोमलता से पेस्ट्री, एक कुरकुरा के साथ, परतदार सुनहरे भूरे रंग की परत और नरम, अर्द्ध खोखले इंटीरियर.

एफ

फाइनेंसर एक नाजुक स्पंज की तरह केक अंडे का सफेद के साथ बनाया गया था, बेयुर

नीरवत, और जमीन बादाम.

Frangipane (Fruhn - Juh - ' Pahn) एक बादाम के भरने के लिए पेस्ट्री।

जी

Galette Des Rois : फ्रेंच घोषणा केक

Génoise एक स्पंज केक

Gateau Saint - Honoré

एक फ्रेंच क्लासकि केक क्रीम के साथ भरा है, एक से मलिकर के गाढ़ा हलकों के साथ पफ पेस्ट्री आधार
Choux पेस्ट्री पहुंचाया आटा के शीर्ष पर

खेल एक वाफल ई है .

में

मीठा कस्टर्ड का एक पूल में सकी सज्जति से मलिकर घांटे इल.

M

मेडेलीन एक फ्रेंच खोल के आकार का स्पंज केक है

Meringue

मार पड़ी है अंडे का सफेद और चीनी से बने मठाई का एक प्रकार है

P

P एक ते एक Glacer (Paht आप Glah - कहते हैं) एक व्यावसायिक रूप से बनाया चॉकलेट शीशे का आवरण आयातति

फ्रांस से और विशेषता विक्रेताओं से उपलब्ध है । यह सफेद या में आता है

डार्क चॉकलेट, और एक चकिनी बनावट के साथ एक चमकदार, चमकदार उपस्थिति देता है और

चॉकलेट Fl Avor

P Â ते Bris É ई (Paht Bree - जाय) फ्रेंच के लिए शब्द "टूट आटा," बात करने के लिए एक

बस्किुट विधि द्वारा किए गए फुटी पेस्ट्री आटा ।

P Â ते Feuillet É ई पफ पेस्ट्री .

पी 'ते सबल ई है (' पहल साह 'ब्ले) के लिए फ्रेंच शब्द" रेत आटा ," एक की चर्चा करते हुए

क्रीम विधि द्वारा बनाई गई मिठाई, अमीर, बखिरना कम आटा ।

P Â ते Sucr É ई ('Paht मुकदमा -' Kray) फ्रेंच चर्चा करते हुए शब्द के लिए एक

क्रीम विधि द्वारा बनाई गई मिठाई, अमीर, कुरकुरा कम आटा ।

P एक ते एक Glacer Paht आह Glah - कहते हैं)अच्छी तरह से जाना जाता है के रूप में चॉकलेट शीशे का आवरण .

P Â ते Bris É ई करने के लिए संदर्भित करता

बिस्किट विधि द्वारा कि‌ए गए फुटी पेस्ट्री आटा ।

P Â ते विक्षोभ É ई एक पूर्व विक्षोभ लिया जाता है कि एक टुकड़े से

P Â ते Sabl É ई फ्रेंच शब्द जिक्र करने के लिए एक

क्रीम विधि द्वारा बनाई गई मिठाई, अमीर, बखिरना कम आटा ।

P Â ते Sucr É ई फ्रेंच शब्द का वर्णन

क्रीम विधि द्वारा बनाई गई मिठाई, अमीर, कुरकुरा कम आटा

S

Souffl é) एक फ्रांसीसी मिठाई बना एक आधार में तह मार पड़ी है अंडे का सफेद के साथ चीनी, आटा जला हुआ दूध, और अंडे ।

About The Author

Catherine- Chantal Marango Is A Highly Trained French Multilingual Professional Who Has Many Years Of Experience As A Successful Foreign Language Expert And Pedagogical Pyschologist, Working In Nice, France.

She Celebrates With Her Mediterranean Enthusiasm 10 Years Being In The Language Business.

Successfully Running Her Linguistic Company Personal French Teacher (Www.Personalfrenchteacher.Com), She Has Worked With Thousands Of High-Qualified Global Students Seeking A Real Language Improvement From General To Specific Purposes.

Her Real-World Experience, Multilingualism, Extensive Education, Pragmatic Connection And Pedagogical Psychology Makes Her The Excellent Choice To Help You Speak The World With Flying Colors.

Connect With Catherine Chantal Marango On :

Http://Www.Personalfrenchteacher.Com/

Https://Www.Facebook.Com/Catherinechantal.Marango/

Https://Twitter.Com/Learnfrenchnice

Https://Www.Linkedin.Com/In/Personalfrenchteacher/

Https://Www.Instagram.Com/Personalfrenchteacher/

Https://Www.Pinterest.Fr/Catherinec0545/

Https://Catherinechantalmarangoworld.Tumblr.Com/

Https://Www.Reddit.Com/R/Iama/Comments/Fw0keg/Im_Catherinechantal_Marango_A_French_Writer_And/

Https://Www.Youtube.Com/Channel/Ucy-Bocxqvywl21hw8vqk_Ja

Catherine Chantal Marango's Books :

Https://Www.Amazon.Com/Catherine-Chantal-Marango/E/B084ldk21b%3fref=Dbs_A_Mng_Rwt_Scns_Share

Https://Books.Google.Fr/

Https://Www.Smashwords.Com/Profile/View/Ccm13

Https://Payhip.Com/

Https://Www.Lulu.Com

Back To Top

Made in the USA
Coppell, TX
26 January 2021